자유와 황홀, 육상

자유와 황홀
김화성 기자의 종횡무진 육상 인문학

육
상

The Athletics

김화성 지음
손문상 그림

알렙

프롤로그
나는 달린다, 고로 나는 살아 있다

내가 나를 던진다

모래바다에
바닥 모를 늪에
꽁꽁 언 겨울 강에
전갈이 잠든 사막에
물 마른 돌바닥 개천에
비린내 나는 질척한 어시장 바닥에
사정없이 나를 버린다

그렇게 살아야
제대로 사는 거다

서상택의 「살아가는 법―도약경기선수」

지구의 중력은 질긴 끈이다. 방패연의 연줄이다. 아무리 높이 나는 새도 결국은 '중력의 법칙'에 무릎을 꿇는다.

높이뛰기는 '중력에 반항하는 인간의 몸부림'이다. 인간은 아무리 '뛰어봐야 벼룩'이다. 새 신을 신고 뛰어 봐도, 장대를 짚고 떠올라 봐도, 하늘이 노랗기는 마찬가지이다.

왜 인간은 높이 뛰는가. 어차피 땅바닥에 나뒹그러질 게 뻔한데, 왜 자꾸만 허공에 치솟는가. 부질없는 짓을 왜 되풀이하는가.

인간의 등 뒤에는 모두 끈이 달려 있다. 아무리 뛰쳐나가려 해도, 어느 한순간 그 끈이 잡아당긴다. 개의 목에 달린 끈은 눈에 보이지만, 인간의 끈은 보이지도 않는다. 그 끈은 쇠줄보다도 더 강하고 질기다. 영원히 끊어지지 않는다.

육상은 끈을 한순간 베어내는 단칼이다. 그것이 비록 찰나에 그칠지라도, 그 순간만은 해방이다. 달려보면 안다. 던져보면 느낀다. 높이 뛰어보면 깨닫는다. "아, 내가 살아 있구나!" 소리치게 된다.

어릴 적 뒷동산에서 뛰어놀던 그 몸짓들이 이제 돌이켜보니 하나하나 육상 아닌 게 없었다. 막대기를 들고 도랑물을 건너뛴 것도, 들개처럼 온 들판을 뛰어다닌 것도, 돌을 던져 물수제비 뜬 것까지 모든 게 육상이었다.

나는 던진다, 고로 숨을 쉰다. 나는 몸을 솟구쳐 뛰어넘는다, 고로 피가 끓는다. 나는 달린다, 고로 나는 살아 있다.

2011년 8월 대구세계육상선수권대회를 앞두고

김화성 삼배합장

CONTENTS

프롤로그 나는 달린다, 고로 나는 살아 있다 **004**

제1부 인간은 왜 달리고 뛰고 던지는가

Chatper 1 인간의 달리기, 사느냐 죽느냐

인간은 왜 달리는가 **013** | 인간의 달리기는 사느냐 죽느냐의 문제였다 **021** | 인류 육상의 역사 **022** | 육상, 기록의 시대가 열리다 **026** | 걷기-트레킹-트레일-클라이밍-러닝은 어떻게 다른가? **032**

Chatper 2 왜 세계 육상은 흑인들 세상인가?

현대 육상의 스피드화와 흑인의 파워존 **037** | 육상과 축구는 아프리카 아이들에게 밥이요 빵이다 **042**

Chatper 3 단거리 선수(스프린터) 이야기

인간은 과연 얼마나 더 빨리 달릴 수 있을까? **046** | 기록 스포츠에서 인간의 한계는 어디까지인가? **049** | 볼트는 인간 한계를 어떻게 뚫었는가? **052** | 볼트 200m, 400m도 폭풍의 질주 **057**

Chatper 4 장거리 선수 이야기

바늘로 우물을 파는 고행의 스포츠 060 | 마라톤의 역사 진실은? 062 | 마라톤 빠르기의 역사 064 | 맨발의 마라토너, 비킬라 아베베 067 | 마라톤, 인간의 한계는 어디까지인가? 074 | 현대 마라톤은 장거리 아닌 단거리경주다 077

Chatper 5 장대높이뛰기 선수의 고독

인간도 날갯짓을 꿈꾼다 082 | 육상 종합 예술, 장대높이뛰기 088 | 인간, 새가 되어 날다 094

제2부 한국 육상 만상(萬象)

Chatper 1 화류회, 운동회 시대를 열다

한국 최초 근대식 운동회의 시작 101 | 말썽 많았던 초기 육상 110

Chatper 2 민족 영웅 손기정 스토리

마라톤 민족영웅 손기정 112 | 일장기 말소사건 118 | 그 한국인 대학생의 질주 119 | 손기정과 황영조의 기막힌 인연 125 | 베를린과 광화문 동시 중계: 손기정은 왜 시상식에서 고개를 숙이고 있었을까 128

Chatper 3 한국 마라톤 중흥 시대, 황영조와 이봉주

'봉달이' 이봉주의 투혼 133 | 봉달이 스토리 136 | 황영조와 이봉주 140 | 황영조와 이봉주의 고교 시절 144 | 한국 마라톤 중흥의 대부, 정봉수 감독 147

제3부 종목을 즐기기 위해 알아두면 좋은 육상 잡학 소사전

Chatper 1 출발과 도착 사이의 규칙

출발 구령은? 155 | 도착(The Finish) 156 | 트랙 157 | 볼트가 석탄 트랙에서 뛰었다면? 159 | 육상 트랙 경기는 왜 '시계반대방향'으로 돌까? 163 | 스타팅 블록(Starting Blocks) 166 | 출발 자세 168 | 가슴과 등에 번호표를 반드시 붙여야 한다 169 | 100m를 맨발로 달려도 문제없다 170 | 바람 171

Chatper 2 종목과 기준 기록

국제육상경기연맹(IAAF) 172 | 기준 기록 174 | 여성의 육상 경기 참가 176 | 올림픽에서 사라진 육상 종목 178 | 고지에서는 기록이 잘 나온다 179 | 왜 스프린터들은 골인 뒤 신발을 벗어 카메라에 비출까? 180 | 400M 릴레이가 100M 4번 뛴 기록보다 빠르다 184

Chatper 3 신체, 근육, 정신, 자세

발에는 인간 뼈의 25%가 몰려 있다 **185** | 육상 선수들은 발목이 가늘고 머리가 작다 **187** | 단거리 선수와 장거리 선수의 가장 적합한 체격은? **189** | 단거리 선수 근육과 마라톤 선수 근육은 다르다 **191** | 어린이에게 너무 먼 거리를 달리게 하면 큰일 난다 **194** | 달리기 자세, 금메달과 족저근막염 사이 **196** | 정신근육이란 것도 있다 **200**

Chatper 4 마라톤, 마스터스마라톤, 울트라마라톤 그리고 러너스 하이

마스터스란 무엇인가? **203** | 한국 마스터스 마라톤 역사 **205** | 울트라마라톤이란 무엇인가? **208** | 산악 마라톤 **210** | 24시간 달리기 **212** | 사막 마라톤 **214** | 마라톤 트랙 게임 즐기기 **216** | 마라톤 기록 계측 칩 사용 **221** | 마라토너들은 선글라스를 좋아한다? **222** | 세계 유명 마라톤대회는? **223** | 페이스메이커란 무엇인가? **225** | 마라톤 식이요법이란 무엇인가? **229** | 고지 훈련 **233** | 휴식 **236** | '러너스 하이'는 무엇인가? **238**

에필로그 억만 년 뭉치고 다져야 비로소 꽃이 핀다 **242**

1부

인간은 왜
달리고
뛰고
던지는가

운동화 한 켤레 후다닥 신고 문 밖으로 달려 나가면,
당신이 있는 곳이 바로 여기, 자유.

– 존 제롬, 미국 작가

Chapter 01
인간의 **달리기**, 사느냐 **죽느냐**

인간은 '왜' 달리는가?

달리기에는 중독성이 있다. 인간의 줄기세포에는 본능적으로 달리기에 대한 유전인자가 들어 있다. 일단 한번 빠지면 그 누가 뭐라 해도 빠져나올 수 없다. 보통 매일 규칙적으로 달리는 사람이라면 짧게는 6개월에서 길게는 2년 정도가 되면 중독에 빠진다. 이 상태가 되면 하루도 달리지 않으면 견딜 수가 없다. 여기에서 끝나지 않는다. 마라톤 중독자는 한사코 주위 사람들에게 '달리기의 즐거움'을 외치며 기꺼이 '달리기 전도사'가 된다.

그러나 마라톤 중독은 마약, 도박, 술 중독과는 다르다. 마라톤 중독자는 그런 중독자와는 달리 어떠한 경우에도 자신을 학대하거나 질책하지 않는다. 아무리 기록이 나쁘게 나와도 그들은 밝게 웃는다. 달리기를 계속 하다 보면 자기 자신을 잊어버리고 자신이 달리기 그 자체가 되는 일이 일어난다. 이 진정한 황홀감은 순환적이다. 행복하기 때문에 달리고, 달리기 때문에 행복하다. 이 과정에서 사람들은 자신이 누구인지 깊이 깨닫게 된다.

『우리는 왜 달리는가』라는 책의 저자인 미국의 저명한 생물학자 베른트 하인리히는 달리기를 인간의 본능이라고 주장한다. 그는 책 서문에서 "나의 꿈은 발이 빠르고, 근육이 강하며, 쉽게 잡히지 않는 영양을 쫓는 것"이라면서 "본래 우리(인간)는 애완용 개보다 늑대에 가까우며, 무리지어 사냥감을 추적하는 것은 인간의 생물학적 기질 가운데 하나"라고 말했다.

『5km에서 42.195km까지 마라톤』의 저자 제프 갤러웨이는 "나는 13살 때부터 달리기 시작했고 곧 초보자의 열정 즉, 힘든 운동에 대한 매우 특별한 스릴과 내 몸이 무한한 능력을 갖고 있다는 느낌에 중독됐다."면서 "1주일을 달리고 움직일 수도 없이 아팠지만 몸이 회복되자 다시 달리기 시작했으며 그 후 달리기에 푹 빠졌다."고 말했다.

일본의 세계적인 소설가 무라카미 하루키는 하루도 빠짐없이 달린다. 그곳이 도쿄이든, 뉴욕이든, 서울이든 개의치 않는다. 매일 달린다는 것은 그에게 생명선과 같다. 바쁘다는 핑계도 그에게는 통하지 않는다. 그는 말한다. "만약 바쁘다는 이유만으로 달리기를 중지한다면 틀림없이 평생 동안 달릴 수 없게 될 것이다. 계속 달려야 하는 이유는 아주 조금밖에 없지만, 달리는 것을 그만둘 이유라면 대형 트럭 가득히 있기 때문이다."

"나의 꿈은 발이 빠르고 근육이 강하며, 영양을 쫓는 것이다. 인간은 애완용 개보다 늑대에 가까우며, 무리지어 사냥감을 추적하는 것은 인간의 생물학적 기질 가운데 하나다." _ 베른트 하인리히

그는 1981년 서른둘 나이에 운영하던 가게를 처분해 버리고 전업 소설가로 나섰다. 글쓰기는 뼈를 깎는 작업이다. 고통스럽다. 하루 60개비씩 담배를 태우며 글을 썼다. 생활이 불규칙적일 수밖에 없었다. 어느 때는 밤을 꼬박 새우고, 대신 낮에는 정신없이 쓰러져 잤다. 몸이 견딜 수 없었다.

하루키는 1982년 가을부터 달리기를 시작했다. 담배도 끊었다. 그리고 1983년 7월 18일 그리스 아테네에서 첫 번째 마라톤 풀코스를 완주했다. 30km까지는 괜찮았다. 내심 "좋은 기록이 나올지도 모른다."며 자신만만했다. 하지만 거기까지였다. 35km부터 헉헉거렸다. "몸의 연료가 다 떨어져 여러 가지 일에 대해 화가 나기 시작했다." "텅 빈 가솔린 탱크를 안고 계속 달리는 자동차 같은 기분"이 들었다. 어쨌든 그는 첫 번째 풀코스 완주를 해냈다. 3시간 51분. 초짜치고는 훌륭했다. 고통의 순간도 씻은 듯이 사라졌다. 뿌듯한 마음과 함께 "다음엔 좀 더 낫게 달려야지." 하는 다짐이 저절로 나왔다.

그는 달리는 동안 아무것도 생각하지 않는다. "소박하고 아담한 공백 속을, 정겨운 침묵 속을" 그저 계속 달릴 뿐이다. 적어도 달리고 있는 동안은 누구와도 얘기하지 않아도 괜찮고, 누구의 얘기도 듣지 않아서 좋다. 그저 주위의 풍경을 바라보고, 자기 자신을 응시하면 되는 것이다. 그는 달려가면서 그저 달리려 하고 있을 뿐이다.

"나는 원칙적으로는 공백 속을 달린다. 달리고 있을 때 머릿속에 떠오르는 생각은, 하늘에 떠 있는 구름과 비슷하다. 여러 가지 형태의 여러 가지 크기의 구름. 그것들은 왔다가 사라져 간다. 그렇지만 하늘은 어디까지나 하늘 그대로 있다. 구름은 그저 지나가는 나그네에 불과하다. 그것은 스쳐 지나서 사라져 갈 뿐이다. 그리고 하늘만 남는다."

그는 근육을 믿지 않는다. 근육은 잘 길들여진 소나 말 같은 사역동물과 비슷하다고 생각한다. 주의 깊게 단계적으로 부담을 늘려 나가면, 근육은 그 훈련에 견딜 수 있도록 자연스럽게 적응해 나간다. 고지식하다. 순서만 차근차근 밟아나가면 결코 불평하지 않는다. 하지만 하루 이틀이라도 연습을 쉬어 버리면 "아하, 이제 그렇게까지 힘쓸 필요가 없어졌구나. 아, 잘됐다." 하고 스스로 판단하여 한계치를 떨어뜨려 나간다. 근육이라는 것은 살아 있는 동물과 마찬가지로 가능하면 힘 안 들이고 살고 싶어 한다. 무거운 짐이 주어지지 않으면 안심하고 기억을 지워나간다.

그렇다. 무라카미 하루키는 바로 '달리는 것이 고통스럽기' 때문에 달린다. 만약 고통이 없다면 도대체 누가 일부러 트라이애슬론이나 풀코스 마라톤을 하겠는가. 고통스럽기 때문에 그 고통을 통과해 가는 것을 기꺼이 감수하는 것이다. 그 속에서 자신이 살아 있다는 것을 확실하게 실감하는 것이다. 산다는 것은 성적이나 숫자의 순위에 있는 것이 아니다. 그것은 행위 그 자체 속에 유동적으로 내포되어 있는 것이다.

"기록도, 순위도, 겉모습도, 다른 사람이 어떻게 평가하는가도, 모두가 어디까지나 부차적인 것에 지나지 않는다. 달리는 사람에게 가장 중요한 것은 하나하나의 결승점을 내 다리로 확실하게 완주해 가는 것이다. 혼신의 힘을 다했다, 참을 수 있는 한 참았다고 나름대로 납득하는 것에 있다."

요슈카 피셔(1948~) 독일 전 외무장관은 삶 자체가 드라마다. 푸줏간집 아들로 태어나 모든 것을 길거리에서 배웠다. 고교 중퇴. 노숙자, 빈집 점거 농성자, 우편배달부, 거리 화가, 택시 운전사, 헌책방 주인, 공

고통이 없다면 도대체 누가 일부러 트라이애슬론이나 풀코스 마라톤을 하겠는가. 고통스럽기 때문에 그 고통을 통과해 가는 것을 기꺼이 감수하는 것이다. 그 속에서 자신이 살아 있다는 것을 확실하게 실감하는 것이다.

장 노동자(오펠 자동차 공장에서 파업 주동자로 해고), 고급 포르노그래피 번역자, 반전 반핵 운동가, 도시 빈민 운동가, 직업 혁명가 등 안 해본 게 없다.

그는 원고 없이도 연설을 할 수 있는 몇 안 되는 독일 정치인 중 하나였다. 1999년에는 '올해의 본회의 연설' 수상자였을 정도로 대중 연설을 잘했다. 검은 선글라스에 청바지 티셔츠 차림의 첫 의정 연설은 독일 전역을 떠들썩하게 했다. "허락하신다면, 의장님! 당신 정말 똥개요."라는 발언으로 한동안 본회의장 출석을 금지당하기도 했다.

1996년 마흔여덟 살 때 그는 몸무게가 자그마치 112kg(키 181cm)이나 나갔다. 천하에 그런 미륵돼지가 없었다. 그는 먹는 게 취미였다. 사람들은 그를 '인간 나무통', '비곗덩어리'로 불렀다. 식식거리는 숨소리가 그의 귀에도 거슬렸다. 잠잘 때는 가슴에 찌르는 듯한 통증이 왔다. 결국 어느 날, 13년 동안 같이 산 세 번째 아내가 이혼을 선언했다.

"한심한 인간, 너 이제 이 몸으로 무엇을 할 수 있겠니?" 그는 땅이 꺼지도록 한숨을 쉬었다. 그리고 벌떡 일어나 달리기 시작했다. 사실 말이 달리는 것이지 걷는 거나 마찬가지였다. 준비운동을 한답시고 맨 처음 팔굽혀펴기를 할 때는 단 몇 개밖에 하지 못하고 바닥에 엎어져 버렸다. 첫날 500m를 달리는데 심장이 찢어질 것 같아 엉금엉금 기다시피 했다. 하지만 그는 '단 한걸음이라도 매일 더 먼 거리를 달리겠다.'는 원칙을 철저히 지켰다. 6개월 만에 16km를 달렸고, 18개월 만에 풀코스를 3시간 41분 36초로 완주했다.

1998년 나이 쉰이 됐을 때 그의 몸무게는 75kg이었다. 이제 그의 취미는 달리기였다. 아침에 일어나자마자 팔굽혀펴기와 윗몸일으키기를 한 뒤 매일 10km 이상 달렸다. 아침은 콘플레이크, 뮤슬리 시리얼, 오렌지나 포도 주스를 들고, 점심은 채소와 과일, 저녁은 생선, 샐러드, 파스타로 때웠다. 술, 육류, 설탕은 절대 입에 대지 않았다.

"난 내 자신과 나의 일상을 완전히 새롭게 프로그램화했다. 이전에 다이어트나 단식 등을 시도했지만 늘 실패할 수밖에 없었던 것은 정신적 육체적 원인을 건드리지 않고 증상만 치료하려 했기 때문이다. 생활 프로그램을 바꾸지 않고 배불리 먹는 시스템에 발을 담그고 있으면서 살을 빼려고 했다."

그는 달리면서 고독과 평온함과 명상을 즐긴다. 그는 그 자신의 부처를 만나기 위해 달린다. 그에게 달리기는 자아여행이다. 오로지 그 자신과만 함께하고 싶다. 그래서 그는 달릴 때 그에게 말을 거는 사람이 가장 싫다. 명상이 깨지기 때문이다. 수도승 같은 장거리 주자가 되고 싶은데 방해받고 싶지 않은 것이다. 그저 묵묵히 달리다 보면 발걸음의 단조로운 리듬을 타면서 머릿속에서 자신의 존재 자체를 잊어버리는 무아지경의 상태에 빠지게 된다.

"마라톤을 완주함으로써 나 자신의 '내적 개조 작업'은 끝났다. 한 개인의 완전한 변화, 완전한 개혁을 이뤘다. 체중을 줄이는 것은 매우 어렵다. 그러나 줄인 체중을 그대로 유지하는 것은 그보다 몇 배나 더 어렵다. 나 같은 극단주의자는 어떤 일에 빠져드는 경우가 많다."

인간의 달리기는
'사느냐 죽느냐'의 문제였다

표범은 인간보다 훨씬 빠르다. 그러나 금세 지친다. 그렇다. 대부분의 포유류는 오랫동안 빨리 달리거나 빠른 걸음으로 갈 수 없다. 기껏해야 15분을 넘지 못한다. 인간은 오랜 시간 무더위 속에서 달려도 체온을 조절할 수 있다. 맨살의 피부와 땀샘 덕택이다. 그뿐인가. 인간은 달리면서도 머리를 곧추세우고 똑바로 앞을 바라볼 수가 있다. 목덜미 인대가 있기 때문이다. 커다란 엉덩이 근육도 먼 거리를 달리도록 하는 데 중요한 역할을 한다.

남아프리카 부시맨들은 무더위 속에서도 몇 시간이고 끈질기게 영양을 쫓는다. 창이나 활도 없는 그야말로 맨몸으로 하는 '몰이사냥'이다. 결국 도망가던 영양은 몸이 과열되어 쓰러져 죽는다. 인산은 꾸준히 달리는 능력 하나만으로도 짐승들을 잡아먹고 살 수가 있는 것이다.

'아프리카에서 매일 아침 영양은 잠에서 깬다. 영양은 가장 빠른 사자보다 더 빠른 속도로 도망가지 않으면 죽는다는 것을 잘 안다. 아프리카에서 사자도 매일 아침 잠에서 깬다. 사자는 가장 빠른 영양보다 더 빨리 달리지 않으면 자신이 굶어 죽는다는 것을 잘 안다. 그래서 사자든 영양이든 태양만 떠오르면 서로 더 빨리 달리려고 죽을힘을 다한다.'

_ 닐 배스컴의 『퍼펙트 마일』 중에서

그렇다. 원시시대 달리기는 사느냐 죽느냐의 문제였다. 빠르고 힘센

자가 가장 많은 먹이를 얻었다. '더 빨리, 더 오래' 달리기는 생존의 문제였다. 하지만 '100m를 몇 초에 달리는가'는 아무런 의미도 없었다. 오직 사냥감보다 더 빨리, 더 오래 달릴 수 있는 자가 이 세상 최고의 스프린터였다. 먹이를 놓친 자는 한 마리 굼벵이일 뿐이었다.

네안데르탈인들은 매일 사냥감을 쫓아 40km 이상 달렸다. 그들의 산소 섭취량은 현대인보다 50% 높았고, 뼈는 20%나 더 강했다. 모두가 이봉주의 심장과 국가대표급 근육을 가지고 있었다. 그렇게 달리지 않으면 먹고 살 수가 없었다.

인류 육상의 역사

모든 스포츠에는 '원시 사냥의 흔적'이 녹아 있다. 육상, 수영, 양궁, 사격, 승마 등이 그렇다. 먹잇감을 쫓다 보면(달리기), 개울을 훌쩍 뛰어넘어야 하고(멀리뛰기, 장대높이뛰기), 강을 건너(수영, 카누, 카약), 돌(포환, 해머, 원반)을 던지거나 창 혹은 화살(양궁, 사격)을 날려야 한다. 그뿐인가. 때론 먹잇감과 드잡이(펜싱, 레슬링)를 벌여야 한다.

고대5종 경기(멀리뛰기, 원반던지기, 달리기, 창던지기, 레슬링)나 근대5종 경기(승마, 펜싱, 사격, 수영, 크로스컨트리)에는 원시 사냥의 모든 과정이 들어 있다. 기원전 8세기부터 실시됐던 고대 종목이 1896년 근대올림픽이 개최되면서 시대 흐름에 맞게 조금 바뀌었을 뿐이다. 달리기 대신 말을 타고(승마), 창이나 원반 대신 총(사격)으로 사냥을 하는 식이다.

육상은 '인간이 살기 위해 몸부림을 쳤던 흔적'이다. 인간이 더 이상 사냥을 하지 않고도 먹고 살 수 있게 되자, 하나의 스포츠로 남게 된 것이다. 그 시발점은 기원전 776년부터 기원후 394년까지 1170년 동안이나 열렸던 고대올림픽이었다. 4년마다 열린 고대올림픽은 그리스 제우스 신전에서 5일 동안 벌어졌다. 둘째 날 약 700m 길이의 U자 트랙경기장에서 달리기, 높이뛰기, 원반던지기, 창던지기, 레슬링으로 구성된 5종 경기가 열렸고, 셋째 날에는 5종 경기에 속하지 않는 모든 육상 경기가 치러졌다. 마지막 날인 다섯째 날에도 완전무장을 한 남자 선수들의 중거리 경주가 벌어졌다. 현대판 킥복싱이라고 할 수 있는 판크라티온(복싱+레슬링) 같은 경기도 있었다. 하지만 마라톤 경기는 없었다. 마라톤은 1876년 제1회 근대올림픽부터 실시됐다.

고대올림픽(기원전 776~기원후 394) 1170년 동안이나, 1896년 근대올림픽 이후 오랫동안 구기 종목은 단 한 종목도 없었다. 1924년 파리 올림픽에 아이스하키, 컬링, 수구, 럭비가 채택됐고, 축구는 1900년 파리 올림픽부터 비로소 정식 종목으로 채택됐다(여자 축구는 1996년 애틀랜타 올림픽). 게다가 축구는 1932년 로스앤젤레스 올림픽 때 한번 빠진 적도 있었다. 한마디로 고대올림픽 경기의 가장 놀라운 특징은 단체 경기가 전혀 없었다는 사실이다. 공을 가지고 노는 구기 종목은 단 하나도 없었다.

육상은 모든 스포츠의 기본이다. '달리고, 뛰고, 던지는' 동작 없이 이루어지는 스포츠는 거의 없다. 수영도 물속이라는 환경만 다르지 기본은 육상 동작으로 이루어진다고 할 수 있다. 'Citius!(보다 빨리), Altius!(보다 높이), Fortius!(보다 힘차게)'의 올림픽 모토도 결국은 육상의 정신과 똑같다.

고대올림픽에서 그리스 사람들은 신체의 조화로운 발달, 육체미, 우아미 등을 추구했다. 달리기나 레슬링 선수 선발 기준은 순발력이나 힘이 아니라 그가 속해 있는 계층이나 씨족이었다. 선수들은 모두 벌거벗은 채 참가했으며 피부에 기름을 발라 몸이 번들거렸다. 철학자 소크라테스의 몸은 훈련으로 너무나 잘 단련돼 아테네 사람들의 선망의 대상이었다. 한마디로 몸짱이었던 것이다. 플라톤도 레슬링에서 여러 번 우승을 차지한 올림픽 스타였다. 플라톤이란 이름 자체가 그리스어로 '어깨가 떡 벌어진'이라는 뜻이기도 하다.

그리스 여자들은 올림픽 참가는 물론이고 관람조차 허용되지 않았다. 플라톤은 여성도 체육 활동에 참여해야 한다고 강력히 주장했으나 받아들여지지 않았다.

고대올림픽 승자는 자신의 육체를 조각 작품으로 만들어 올림픽 구역 내에 전시했다. 대단한 영예였다. 고향 사람들은 올림픽 우승자를 평생 연금으로 부양하기까지 했다. 2위나 3위는 아무런 의미가 없었으며 기록도 전혀 없고 그저 사람들의 기억 속에만 남았다.

오늘날 '김나지온'의 어원은 '나체'라는 뜻이다. 원래는 청소년들이 옷을 벗고 경주를 하거나 승마, 레슬링, 복싱, 투원반 등을 할 수 있는 넓은 운동장을 가리키는 말이었다. 독일에서 인문계 고등학교를 '김나지움'이라고 부르는 이유 역시 여기에서 유래됐다.

1896년 제1회 근대 아테네 올림픽에서도 역시 단 하나의 구기 종목도 없었다. 육상 경기(투원반, 창던지기, 마라톤 등), 레슬링, 수영, 펜싱, 역도, 사격, 사이클, 테니스, 체조, 줄타기 등이 있었을 뿐이다. 여성들은 1912년 참가가 허용됐다. 동계 올림픽은 크로스컨트리와 활강스키의 인

올림픽 기본 종목은 어디까지나 육상, 수영, 사격, 레슬링 등이고, 구기 종목은 양념에 지나지 않는다. 고양이의 힘은 점프력과 유연성, 순발력에 있다. 고양이도 공놀이를 좋아한다. 그러나 그것은 어디까지나 심심풀이로 하는 것이다.

기에 발맞춰 1924년 최초로 열렸다.

올림픽이나 아시안게임에서 가장 금메달 숫자가 많은 종목이 육상이다. 무려 47개의 금메달이 걸려 있다. 남자 24개, 여자 23개. 경보 50km만 여자 종목이 없다. 장거리 경보는 여성들 신체에 무리라는 게 그 이유이다. 여성운동가들은 "전혀 근거가 없다."며 여자 경보 50km 허용을 주장한다. 1984년 로스앤젤레스 올림픽부터 채택된 여자 마라톤도 오랫동안 같은 이유로 문을 닫았지만, 요즘 보면 아무 문제 없다는 것이다. 머지않아 이 종목도 신설되리라는 게 전문가들의 예상이다.

수영은 여자 종목이 더 많다. 남자 22개, 여자 24개로 총 46개다. 여자 종목에는 싱크로나이즈드스위밍 2개 종목(듀엣, 단체)이 더 있다. 경영 자유형 부문에서는 남자 1500m가 있지만 여자는 그 대신 800m가 있다.

올림픽 기본 종목은 어디까지나 육상, 수영, 사격, 레슬링 등이고, 구기 종목은 양념에 지나지 않는다. 고양이의 힘은 점프력과 유연성, 순발력에 있다. 고양이도 공놀이를 좋아한다. 그러나 그것은 어디까지나 심심풀이로 하는 것이다.

육상, 기록의 시대가 열리다

인간이 사냥을 해서 먹고 살 때는, 먹잇감보다 더 끈질기거나 더 빠르면 그만이었다. 하지만 달리기가 하나의 스포츠로 굳어지자, 다른 선수를 제치는 게 급선무가 됐다. 그 기준이 바로 기록이었다. 인간과 시간의 싸움이 시작된 것이다. 그 상징적인 사건이 곧 '인간의 1마일 4분 벽 돌파'였다.

1953년 5월 29일 오전 6시 15분 인간이 마침내 히말라야 에베레스트 꼭대기(8848m)를 밟았다. 그 주인공은 영국 원정대 소속의 뉴질랜드 산악인 에드먼드 힐러리와 셰르파 텐징 노르가이. 그 나흘 뒤인 6월 2일에는 영국 엘리자베스 여왕의 대관식이 열렸다. 영국 대중들은 열광했다. '지는 해' 대영제국이 아직도 살아 있다는 것을 보여준 것이다.

하지만 아직 이루지 못한 꿈이 있었다. 그것은 바로 '1마일을 4분 안에 달리는 것'이었다. 1마일은 약 1609m로 육상 트랙 4바퀴를 도는 거리이다. 영국인들은 그 마의 벽도 반드시 영국인이 깨야 한다고 생각했다. 하지만 그것은 에베레스트에 오르는 것보다 더 힘든 일이었다.

그때까지만 해도 인간이 1마일을 4분 이내에 달리는 것은 불가능하다고 여겼다. 당시 생리학자들은 "만약 인간이 1마일을 4분 안에 달린다면 곧 심장과 허파가 파열돼 죽을 것."이라고 단언했다. 뼈 구조상 불가능하다는 것이다.

하지만 바로 그 생리학자들이 한때 "인간은 결코 1마일을 5분 안에 달릴 수 없다."고 말한 사실은 아무도 지적하지 않았다. 5분 벽은 1804년 스코틀랜드 지주 로버트 바클리 캡틴(4분 50초)에 의해 간단하게 깨졌다. 1825년에는 제임스 메트카프라는 사나이가 기발한 아이디어로 기록을 무려 20초(4분 30초)나 앞당겨 세상을 깜짝 놀라게 했다. 자신이 기르던 사냥개를 뒤따라 달린 것이다. 한마디로 그 사냥개가 최초의 페이스메이커라 할 수 있다.

이후부터 사람들은 형체도 없는 '인간 대 시간의 경주'가 아니라, '인간대 인간의 경주'가 기록을 단축하는 데 훨씬 효과적이라는 사실을 깨달았다. 만약 누군가가 트랙을 2,3바퀴까지만 전속력으로 앞서 끌어준다면 더 빨리 달릴 수 있다는 것이다.

그 이후부터 800m, 1500m 선수들이 1마일 경주에 페이스메이커로 하나둘 등장하기 시작했다. 기록도 점점 나아졌다. 1886년 월터 조지가 4분 12초 8까지 끌어올렸고, 1915년 미국의 타버가 0.2초(4분 12초 6)를 또 앞당겼다. 사람들은 타버의 기록이 당분간 깨지지 않으리라고 생각했다. 하지만 핀란드의 육상 영웅 파보 누르미(Paavo Nurmi)가 있었다.

1923년 누르미는 4분 10초 4의 신기록을 세웠다. 여기에는 스웨덴의 1마일 주자 에드빈 와이드의 초반 오버페이스가 큰 힘을 발휘했다. 와이드는 첫 바퀴를 너무 빨리 돌았다. 누르미도 와이드의 페이스에 따라 평소보다 빨리 달릴 수밖에 없었다. 와이드는 3바퀴까지 빠른 속도로 달리다 결국 힘이 달려 뒤처졌다. 하지만 훈련벌레인 누르미는 그 속도를 계속 유지했다. 결과적으로 와이드가 페이스메이커 역할을 해준 것이다. 결승선을 끊은 누르미는 "앞으로 4분 4초까지는 달릴 수 있을 것"이라고 말했다.

1931년 10월 프랑스 줄리 로도메그가 사상 처음으로 '4분 한 자리대(4분 9초 2)'를 끊었다. 역시 페이스메이커 역할이 컸다. 800m 전문 선수 르네 모렐이 2바퀴 반까지 전속력으로 끌어주지 않았다면 불가능한 기록이었다. 1937년 영국 시드니 우더슨의 4분 6초 4 신기록도 여러 페이스메이커가 3바퀴까지 끌어준 덕분이었다. 두꺼운 안경을 쓴 우더슨은 168cm 57kg의 볼품없는 체구였지만 4바퀴째 폭발력은 대단했다.

2차 세계대전 말. 스웨덴에 세계 최고의 1마일 주자 2명이 동시에 등장했다. 몸이 부드럽고 폼이 자연스러운 군다 하에그와 폼은 딱딱하지만 연습벌레인 아르네 안데르손이 바로 그들이었다. 이들은 앞서거니 뒤서거니 피 말리는 경쟁을 벌였다. 4분 벽을 깰 수 있는 절호의 기회가 찾아온 것이다. 이들은 자연스레 서로 페이스메이커 역할을 하며 조금씩 4분 벽에 다가갔다.

기록은 4분 4초 6(1942년 · 하에그)에서, 4분 2초 6(1943년 · 안데르손), 4분 1초 6(1944년 · 안데르손), 4분 1초 4(1945년 · 하에그)로 이어졌다.

하지만 여기까지가 한계였다. 4분 벽은 끝내 깨지지 않았다. 그리고 이후 10년 가까이 이들을 넘어설 선수는 나타나지 않았다. 오히려 기록이 뒷걸음쳤다.

1954년 4월까지 4분 벽에 가장 근접한 선수는 호주의 존 랜디였다. 그는 그때까지 4분 3초 이내로 6번이나 결승선을 끊었다. 하지만 그를 끌어줄 페이스메이커가 없었다. 그는 늘 2바퀴쯤 지난 뒤에는 혼자 맨 앞에서 달려야만 했다. 1953년 12월 12일 4분 2초, 1954년 1월 21일 4분 2초 4……. 지긋지긋한 2초였다. 랜디는 끝내 지쳐버렸다.

"나 혼자 힘으로 그 기록을 깨는 건 불가능하다. 누군가 날 끌어줘야 한다. 2초는 아주 작은 것 같지만 이제 그것은 나에게 돌벽을 깨는 것같이 느껴진다. 솔직히 내 능력 밖의 일인 것 같다."

랜디의 뒤를 바짝 쫓는 선수는 영국의 로저 배니스터였다. 그는 내심 2명의 페이스메이커가 자신을 끌어만 준다면 4분 벽을 충분히 깰 수 있다고 생각했다. 2번째 바퀴까지 2분에 이끌어줄 사람 1명과 3번째 바퀴를 60초 이내에 이끌어줄 사람 1명이 필요했다. 그는 그의 달리기 친구 브래셔와 채터웨이를 끌어들여 연습을 시작했다. 브래셔가 2바퀴까지

2분 이내에 끌어주고, 채터웨이가 3번째 바퀴를 1분 이내에 끌어주는 방식이었다. 나머지는 배니스터 몫이었다. 다행히 배니스터는 후반 스퍼트가 탁월했다. 만약 그가 4번째 바퀴를 1분 이내에 달릴 수만 있다면 4분 벽은 깨지는 것이었다.

    1954년 5월 6일. 마침내 1마일 경주가 시작됐다. 브래셔가 첫 번째 바퀴를 57초에 끊었다. 배니스터는 브래셔의 등 뒤에 바짝 붙어 57.5초를 기록했다. 3번째 바퀴까지 이끌어줄 채터웨이도 바짝 따라왔다. 브래셔는 2번째 바퀴도 1분 58초 기록으로 배니스터를 선두에서 끌었지만 곧 속도가 떨어지기 시작했다. 하지만 3번째 바퀴는 채터웨이가 있었다. 채터웨이가 3번째 바퀴까지 3분으로 선두에서 끌었다. 이제는 배니스터가 마지막 스퍼트를 할 차례였다. 그것은 그의 장기였다. 배니스터는 젖 먹던 힘까지 짜내 내닫기 시작했다. 그리고 결승선을 끊었다. 3분 59초 4. 배니스터는 극심한 고통으로 의식을 잃었다.

    배니스터는 말한다. "인간의 몸은 생리학자들보다 수백 년은 앞서 있다. 생리학이 비록 호흡기와 심혈관계의 육체적 한계를 알려줄지는 모르지만, 생리학 지식 밖의 정신적 요인들이 승리냐 패배냐의 경계 사선을 결정한다. 운동선수가 얼마나 절대 한계까지 갈 수 있는지를 좌우한다."

    배니스터가 1마일 4분 장벽을 깬 지 6주 후인 1954년 6월 21일, "4분 벽은 벽돌 장벽이다. 다시는 도전하지 않겠다."던 존 랜디가 3분 58초로 1마일 세계신기록을 세웠다. 그뿐인가. 배니스터 신기록 이후 두 달도 안 돼 전 세계에서 10명이 4분 벽에 진입했다. 그 숫자는 1년 후에는 27명, 2년 뒤에는 300명으로 늘었다. 현재 1마일 세계신기록은 1999년 모로코의 히참 엘 구에로가 세운 3분 43초. 17초나 빨라졌지만 아무도 심장

"인간의 몸은 생리학자들보다 수백 년은 앞서 있다. 생리학이 비록 호흡기와 심혈 관계의 육체적 한계를 알려줄지는 모르지만, 생리학 지식 밖의 정신적 요인들이 운동선수가 얼마나 절대 한계까지 갈 수 있는지를 좌우한다." _로저 배니스터

이 파열된 경우는 없었다. 최근에는 37세의 노장이 4분 벽을 넘어 화제가 된 경우도 있다.

걷기-트레킹-트레일-클라이밍-러닝은 어떻게 다른가?

"태초에 발이 있었다(마빈 해리스). 발은 제2의 심장이다. 모든 걸음걸이에는 걷는 사람의 에너지와 감정이 드러난다. 신발의 닳은 모습을 보면 그 주인의 직업을 알아낼 수 있다. 걷기는 말하다. 인간은 평생 12만km를 걷는다."

_ 조지프 아마토, 『걷기, 인간과 세상의 대화』 중에서

미국 인디언이나 케냐 인들은 해뜰 때부터 해질 때까지 무려 160km를 달리는 경우도 있었다. 알렉산더 동방원정대의 도보 이동 거리는 3200km나 된다. 미국 애팔래치아 종주 코스(메인 주 카타딘 산에서 조지아 주의 오글소프 산까지)도 3200km가 넘는다.

넓은 의미의 걷기(Walking)란 '인간이 두 다리를 움직여 이동하는 모든 것'을 말한다. 달리기(Running)도 크게 보면 걷기의 일종이다. '빨리 걷기'가 곧 달리기인 것이다. 걷기와 달리기는 빠르기의 차이만 있을 뿐이다. 걷기를 빨리하다 보면 자연스럽게 달리기가 된다.

그와 반대로, 달리기를 천천히 하면 걷기가 된다. 걷는다는 뜻을 가진 한자 '步(보)' 자가 그렇다. 그칠 '止(지)'와 젊을 '少(소)'의 조합이다. '달

리기를 그치면(천천히 하면) 젊어진다.'는 것이다. 걷는다는 것은 달리기를 그치는 일이요, 젊어지는 운동이라는 것이다.

둘 다 기술이 필요 없다. 두 발이 성한 사람이라면 누구나 할 수 있다. 누가 가르쳐주지 않아도, 세 살 아이조차 걷기와 달리는 법을 안다. 고대 서양에서는 어른의 평균 걷기 속도를 시속 5km 정도로 봤다. 이를 기준으로 거리와 시간을 측정했다. 기동력을 중요시했던 나폴레옹 군대는 하루 36km를 행군했다. 현대 영국군도 20kg의 배낭과 장비를 들고 하루 도보 이동거리를 25km(5시간 기준)로 정했다.

조선시대 『택리지』를 썼던 이중환은 하루에 80리(32km)를 걸었다. 하루 8시간 걸었다면 시속 4km의 빠르기이다. 곳곳에 크고 작은 산이 많은 우리나라 지형 때문에 속도가 느려졌을 것이다. 보통 산길은 평지보다 2배는 더 걸린다.

달리기는 빠르다. 100m, 200m, 400m 등 단거리는 말할 것도 없다. 장거리 경주인 마라톤도 걷기와는 비교가 되지 않는다. 마라톤 세계 최고기록 2시간 3분 59초(에티오피아의 하일레 게브르셀라시에)는 시속 20km가 넘는다. 영국 병사들이 걷는 것보다 무려 4배나 빠르다. 100m를 평균 17.63초의 속도(10초에 평균 56.7m)로 달리는 셈이다.

걷기는 언제나 두 발 중 한 발이 땅에 붙어 있다. 달리기는 두 발이 모두 허공에 뜨는 순간이 반드시 있다. 걷기는 체중의 1.2~1.5배의 충격을 주지만, 달리기는 체중의 3~5배 충격을 준다. 그만큼 무릎이나 허리에 부담을 준다.

걷기에는 달리기만 있는 게 아니다. 산과 들을 흥얼거리면서 산책하는 하이킹(Hiking)도 있다. 자전거를 타고 룰루랄라 가볍게 야외로 나간다면 그게 바로 '자전거 하이킹'이다.

트레킹(Trekking)도 있다. 히말라야 원정대가 평지에서 베이스캠프까지 오르는 것이 트레킹이다. 베이스캠프는 보통 해발 4000~5000m에 설치된다. 그 아래 걷는 산행은 모두 트레킹이다. 베이스캠프에서 정상까지 오르는 것이 '등반' 곧 클라이밍(Climbing)'이다.

우리나라에는 해발 3000m가 넘는 산이 없다. 남한에는 2000m 넘는 산도 없다. 한마디로 대한민국에서는 트레킹은 있어도 등반은 없다고 봐야 한다. 우리가 북한산이나 지리산에 하루 갔다 오는 것은 '등산'이 아니라 '트레킹'인 것이다. 차라리 '산행'이라는 말을 쓰는 게 낫다.

트레일(Trail)은 '오솔길'이라는 뜻이다. 사람들이 오랜 세월 오가며 자연스레 다져진 길이다. 마을과 마을을 잇거나 나무꾼들의 산길이 그렇다. 좁고 꼬불꼬불한 마실 길이다. 제주 올레길이나 지리산 둘레길, 북한산 둘레길이 대표적이다. 백두대간 종주도 당연히 '트레일 워킹'이다.

프랑스 전직기자였던 베르나르 올리비에는 터키 이스탄불에서 중국 시안(西安)까지 1만 2000km를 걸어서 여행했다. 1만 2000km라면 약 1800만 걸음을 걷는 것이다. 그의 걷기도 '비단길 트레일 워킹'이라고 할 수 있다.

발에는 인체의 뼈 206개 중 각각 양발에 26개씩(25%)이 몰려 있다. 각각 20개의 근육과 33개의 관절도 있다. 우리 몸 중에서 가장 정교하다고 할 수 있다. 인간은 70세에 이르면 젊은 시절에 비해 하체 근육이 40%밖에 되지 않는다. 사실상 다리 하나로만 걷는 거나 마찬가지이다. 이걸 보완해 주려면 하루 1시간 30분 이상 1만 보씩 걷거나 1시간 이상 달려줘야 한다.

하지만 장거리 경주는 아무나 할 수 있는 운동이 아니다. 어느 정도 연습이 필요하다. 마라톤 풀코스를 달리려면 적어도 6개월 정도는 매일 꾸준하게 연습을 해야 한다. 다리 근육과 뼈부터 키워야 한다. 뼈가 약한 청소년들은 풀코스 완주는 절대 금기이다. 성장판이 마모되기 때문이다. 결국 마라톤 풀코스 완주는 20대가 넘어야 할 수 있다. 그것도 60대가 넘으면 점점 힘이 든다. 한 걸음 내디딜 때마다 체중의 3~5배 충격을 받아 무릎이나 허리에 부상이 잦다.

우리나라 아마추어 마라토너(마스터스)들은 대부분 40, 50대 중년 남성들이다. 여성이나 60대 이상은 소수다. 그만큼 힘들고 격렬하다. 자발적 고통이다. 1977년 보스턴 마라톤 우승자 제롬 드레이턴은 말한다. "마라톤을 해본 적이 없는 사람에게 마라톤을 할 때 느끼는 고통에 대해 설명하는 것은 마치 태어나면서부터 앞을 볼 수 없는 사람에게 색깔을 설명하려는 것과 같다."

마라톤은 보통 국민소득 1만 달러 때부터 급격히 늘었다가, 국민소득이 2만 달러에 가까워지면 주춤해지는 게 통례다. 국내 마라톤 인구도 2000년 전후부터 급격히 늘었다가, 요즘은 제자리걸음이다. 대신 걷는 사람들이 급격히 늘고 있다. 걷기는 국민소득 2만 달러를 기준으로 점점 늘어난다.

걷기는 세 살짜리 어린 아이부터 여든 노인까지 누구나 할 수 있다. 의지만 있으면 당장이라도 할 수 있다. 언제 어디서든 그냥 걸으면 된다. 부상 위험이 거의 없다. 2004년 일본 내각부가 조사한 자료에 따르면 일본인이 가장 선호하는 스포츠는 걷기(37.2%)였다. 체조(15.9%), 볼링(13.2%), 구기운동(11.9%), 골프(8.3%)가 뒤를 이었다. 한국도 산행(트레킹) 인구가 가장 많다. 요즘에는 자고 나면 걷기 코스가 생긴다.

걷기나 달리기는 사색적인 운동이다. 자기 응시의 명상 스포츠이다. 걷거나 달리다 보면 머리가 맑아진다. 경건해진다. 마음이 활짝 열린다. 스치는 풍경과 자연스럽게 하나가 된다. 걷기나 달리기는 한 가지에서 난 잎이다. '자유'와 '해방'의 스포츠이다. 잃어버린 '나'를 찾아준다.

느릿느릿 해찰하면서 천천히 걷거나, 두 발을 힘차게 땅에 내디디며 달리거나, 그건 개인의 맘이다. 걷다가 달리든, 달리다가 걷든, 그것도 개인 자유다. 걷든 달리든, 그저 한순간 '자신의 몸으로 사는 것'이 중요하다. 근육을 써서 강 같은 평화를 얻으면 그만이다.

Chapter 02
왜 세계 육상은 흑인들 세상인가?

현대 육상의 스피드화와 흑인의 파워존

아프리카 아이들은 가난하다. 하지만 천진난만하다. 구김살 하나 없다. 산과 들로 마음껏 뛰어다니며 논다. 빈터가 있으면 공을 찬다. 해진 신발은 그래도 다행이다. 맨발로 공을 차는 아이들도 수두룩하다. 그렇게 뼈와 근육을 키운다. 자연스럽게 인내력도 기른다. 배고픔을 너무도 잘 알기에 '헝그리 정신'은 기본이다. 쉽게 포기하지 않는다. 타고난 민첩성과 유연성 그리고 탄력성은 두말 할 필요도 없다.

1960년 아베베 비킬라(1932~1973)의 등장은 '세계 육상계의 커다란 충격'이었다. 그는 로마 올림픽 남자 마라톤에서 맨발로 42.195km를 줄달음치며 가뿐하게 금메달을 목에 걸었다. 그는 올림픽에 나가기 전까지 공식 대회에서 딱 두 번 풀코스를 달렸다. 1960년 에티오피아 전국군인 선수권대회 우승이 처음이었고, 로마 올림픽 한 달을 앞두고 수도 아디스아바바에서 열린 대회에서 우승(2시간 21분)한 것이 두 번째였다.

아베베는 생애 세 번째 마라톤에서 가볍게 금메달을 따냈다. 그것은 아프리카 출신 흑인 최초의 올림픽 마라톤 금메달(올림픽 최초 흑인 금메달은 1908년 런던 올림픽 남자 1600m 계주의 미국 대표 존 테일러)이었다. 그는 내친김에 1964년 도쿄 올림픽에서도 우승했다. 이번에는 신발을 신고 달렸다.

사실 아프리카 선수들의 올림픽 마라톤 우승은 늦은 감이 있었다. 만약 아프리카 국가들이 좀 더 먹고살 만하고, 국제 스포츠 무대에 관심이 있었더라면 훨씬 이전에 올림픽 육상 무대를 휩쓸었을 것이다.

달리기는 이제 흑인들 세상이다. 단거리는 중서아프리카(라이베리아, 나이지리아, 코트디부아르) 출신과, 미국 그리고 카리브 연안 흑인들이 펄펄 날고 있다. 장거리는 동아프리카(케냐, 에티오피아)와 남아공 흑인들이 우승을 휩쓸고 있다. 왜 흑인들은 달리기에 뛰어날까? 연구 결과 아직까지 뚜렷하게 밝혀진 것은 없다.

다만 최근 미국의 생물학자 빈센트 사리히가 재미있는 통계 분석 결과를 내놓았다. 수 년간 세계 각종 육상 대회 성적을 토대로 케냐 인들의 중장거리에 대한 우수성을 입증한 것이다. 세계적으로 뛰어난 마라토너가 나올 확률은 "케냐의 칼렌진 부족이 100만 명에 80명꼴이라면 그 이외 다른 국가는 인구 2000만 명에 1명 정도"라는 것이다.

왜 케냐에서도 유독 칼렌진 부족들만 잘 달릴까. 일부 역사생물학자들은 칼렌진 족의 '캐틀 라이딩(소 도둑질) 전통'에서 찾는다. 그들은 수백 년 동안 마사이 등 다른 부족이 기르고 있는 가축을 도둑질하면서 살아

케냐의 칼렌진 부족 남자들은 결혼을 하려면 엄청난 지참금이 필요했다. 적어도 소 두세 마리는 훔쳐 와야 장가를 갈 수 있었다. 결국 수백 년 동안 최고로 잘 달리는 유전자만 살아 남게 됐다.

왔다. 만약 훔치다가 걸리면 곧바로 죽음을 당했다. 그렇다고 가축을 훔치지 않고 살 수 있는 다른 방법이 있는 것도 아니었다.

칼렌진 남자들은 결혼을 하려면 엄청난 지참금이 필요했다. 적어도 소 두세 마리는 훔쳐 와야 장가를 갈 수 있었다. 결국 최고의 마라토너만이 최고의 아내를 얻을 수 있었다는 얘기다. 느림보나 약골 남자는 평생 혼자 살 수밖에 없었다. 먹고사는 것만도 다행이었다. 결국 수백 년 동안 최고로 잘 달리는 유전자만 남게 됐고 오늘날 케냐 선수들이 바로 그 유전자를 이어받았다는 논리다.

이밖에 해발 2000m 고지대 생활, 선선한 기후, 어릴 때부터 포장되지 않은 산과 들을 뛰어다닐 수 있는 환경, 걸어 다닐 수밖에 없는 적당한 가난 등도 이들의 달리기 환경을 이롭게 했다는 의견도 있다.

결국 인구 300만 명의 케냐 칼렌진 부족에 약 240명의 잠재적인 세계적 마라토너가 있다면 한국에는 잘해야 두세 명이란 얘기이다. 현재 세계 마라토너 100위권 안에 케냐 선수들이 80명에 육박하는 것도 그 좋은 예다. 케냐 선수들은 대부분 칼렌진이다.

한국의 경우 어쩌면 황영조, 이봉주를 이을 천재가 당분간 나오기 힘들다는 뜻으로도 풀이된다. 왜냐하면 두 천재가 이미 나왔으니 확률로 보면 당분간은 더 나오기 어렵다는 계산인 것이다. 혹시 황영조만 천재로 인정한다면 한둘은 더 나올지도 모르겠다.

흑인들 엉덩이는 빵빵하다. 허벅지 뒤에서 엉덩이로 이어지는 부분이 늘씬하고 팽팽하다. 그래서 잘 달린다. 바로 이 '빵빵한 엉덩이'에서 순간적인 강력한 힘이 분출된다. 학자들은 이 '빵빵한 엉덩이 근육'을 '파워 존'이라고 부른다. 파워 존이 잘 발달해야 빠르게 달릴 수 있다. 흑인들

흑인들의 스피드는 단거리에 적합한 속근 섬유질 근육과 소위 파워 존이라고 하는 늘씬하고 팽팽한 엉덩이 근육에서 나온다.

이 세계 육상 단거리를 휩쓰는 이유다.

　보통 흑인들의 '파워 존'은 백인종이나 황인종에 비해 눈에 띄게 잘 발달돼 있다. 게다가 흑인들은 단거리에 적합한 속근 섬유질 근육이 상대적으로 더 발달돼 있다. 대신 아시아인이나 서구인들은 오래 달리는 데 적합한 지근 섬유질 근육이 흑인에 비해 잘 발달돼 있다. 한마디로 흑인들은 단거리, 아시아인이나 서구인들은 마라톤 체질이다.

　그렇다면 왜 세계 마라톤 대회마다 흑인들이 우승을 밥 먹듯이 하고 있을까? 아시아인들이나 백인들은 왜 맥을 못 출까? 그것은 '현대 마라톤의 스피드화'와 밀접한 관계가 있다. 마라톤도 이제 100m 달리듯이 빨리 달리지 않으면 우승할 수 없는 시대에 온 것이다. 더구나 세계 유명 대회일수록 좀 더 좋은 기록을 위해 코스를 평평하고 쉽게 만들고 있다. 지구력이 약한 흑인 마라토너들에게는 날개를 단 것이나 마찬가지이다.

　덴마크의 코펜하겐 대학 벵트 샐틴 교수는 30여 년 동안 동아프리카 사람들의 생리적 특징을 연구해온 학자다. 샐틴 교수는 말한다. "보통 인간은 심한 운동을 하면 근육에 암모니아가 만들어지면서 극도로 피로를 느끼게 된다. 하지만 동아프리카 사람들은 심한 운동을 해도 유전적으로 근육에 암모니아가 만들어지지 않는다."

육상과 축구는
아프리카 아이들에게 밥이요 빵이다

아프리카 어린이들에게 육상과 축구는 꿈이다. 희망이다. 마약이고 아편이다. 선택의 여지가 없다. 가난을 벗어날 마지막 탈출구이기 때문이다. 케냐와 에티오피아 어린이들은 달리기를 꿈꾼다. 달리기를 잘하면 엄청난 돈을 움켜쥘 수 있다는 것을 어릴 때부터 보아왔다. 나이지리아, 가나, 카메룬, 알제리, 이집트, 튀니지, 세네갈, 토고, 앙골라, 코트디부아르, 잠비아 어린이들은 축구를 꿈꾼다. 육상보다 대상 국가와 인구가 훨씬 넓고 많다.

육상과 축구는 돈이 거의 들지 않는다. 육상은 운동화 하나면 끝이다. 아예 맨발로 달리는 아이들도 있다. 축구도 마찬가지다. 공과 축구화만 있으면 그만이다. 비싼 축구화는 바라지도 않는다. 아무 신발이라도 신을 수만 있으면 감지덕지다. 가난한 아프리카 어린이들에게 육상과 축구만큼 안성맞춤인 운동도 없는 것이다.

케냐의 폴 터갓은 한때 남자 마라톤 세계 최고기록(2시간 4분 55초) 보유자였다. 세계 크로스컨트리 5연승, 올림픽과 세계선수권대회 1만m 연속 준우승, 유엔 명예대사, 출판사 사장 등 다채로운 경력을 가졌다. 그는 어렸을 때 하루에 한 끼밖에 먹지 못했다. 그는 "장거리 경주는 티셔츠와 신발만 있으면 준비 끝."이라고 말한다. 육상과 축구는 비슷한 점도 있지만 다른 점도 있다는 것이다.

"축구는 축구장에 가지 않으면 할 수 없다. 또한 축구화나 축구공도 결코 싸지 않다. 가령 지단이나 호날두, 호나우디뉴 등 세계에서 내로라하는 축구 선수 10만 명이 동시에 한 경기장에서 게임을 할 수 있는가? 하지만 우리 마라톤 선수들은 마음만 먹으면 얼마든지 할 수 있다."

고개가 끄덕여진다. 하지만 축구는 육상보다 훨씬 인기가 높다. 그만큼 돈을 더 벌 수 있다. 게다가 육상은 세계 1인자 단 하나만 돈과 명예를 움켜줠 수 있다. 그 아래는 별로다. 축구는 다르다. 유럽 빅리그에서 주전 정도만 되면 성공했다고 볼 수 있다. 육상보다 시장이 훨씬 넓고 기회가 풍부하다. 다행히 요즘 세계 각종 육상대회는 상금이 갈수록 커지고 있다. 마라톤의 경우 '케냐 선수들의 상금 헌팅 종목'으로 인기가 높다. 육상만 잘해도 큰돈을 움켜쥐게 된 것이다.

아프리카 육상과 축구는 서구 자본의 투기 대상이다. 작은 돈을 들여 큰돈을 벌 수 있다. 돈이 있는 곳에는 파리 떼가 끓기 마련이다. 케냐, 에티오피아, 남아공의 어린 육상 선수들은 대부분 미국 자본으로 키워진다. 이탈리아나 일본 자본도 기웃거리지만 그 규모는 미국과 비교가 되지 않는다. 물론 초기에 아프리카 육상을 키운 미국 선교사들의 공로도 일부 인정해야 한다.

축구는 유럽의 '현대판 축구 노예 상인들'이 설쳐댄다. 아프리카의 유망한 꿈나무들을 헐값에 사서 종신 계약을 맺은 뒤, 유럽 유명 클럽에게 비싸게 파는 방식이다. 하지만 빅리그 팀의 입단 테스트 통과는 하늘의 별따기다. 해마다 수천 명의 아프리카 청소년들이 유럽 리그를 노크해 보지만, 이중 선택된 사람은 극히 드물다. 나머지는 유럽 뒷골목을 떠도는 불법체류자로 남는다.

아프리카는 아직도 공동체 사회 색채가 짙다. 한동네가 온통 친척으로 이루어진 곳이 많다. 만약 그 동네에서 육상 스타나 축구 스타가 나온다면, 곧바로 그곳은 부자 동네가 된다. 마을 모두가 먹고사는 데 걱정이 없어진다.

아프리카의 스포츠 꿈나무인 청소년들은 해마다 수천 명씩 유럽 리그를 노크해 보지만, 이중 선택된 사람은 극히 드물다. 아프리카는 아직도 한동네가 온통 친척으로 이루어진 곳이 많다. 만약 그 동네에서 스포츠 월드 스타가 나온다면, 마을 모두가 먹고사는 데 걱정이 없어진다.

Chapter 03
단거리 선수(스프린터) 이야기

인간은 과연 얼마나 더
빨리 달릴 수 있을까?

일본 스포츠 과학자들은 역대 100m 세계신기록 보유자들의 장점만 한데 모아 컴퓨터 시뮬레이션으로 조합해 100m를 뛰게 해본 결과 9초 50이 나왔다는 연구 결과를 내놓은 적이 있다. 미국의 한 운동생리학자는 1925년부터 100m 기록이 해마다 100분의 1초씩 빨라지고 있고, 이런 추세가 계속되면 2028년쯤에는 100m 세계신기록이 9초 34까지 당겨질 것으로 예측한다.

  불과 10여 년 전만 해도 인간 한계를 9초 75로 점쳤다. 하지만 이제는 그 말이 우습게 됐다. 요즘 학자들은 "인간의 한계를 명확히 규정하기는 어렵다."며 한발 뒤로 뺀다. 100m 세계신기록은 공식 계측이 이루어진

역대 남자 100m 6차례 세계신기록 보유자들의 구간별 기록

	출발반응	0	10m	20m	30m	40m	50m	60m	70m	80m	90m	100m
벤 존슨 (1988년)		0.132	1.83	0.93	0.86	0.84	0.83	0.84	0.85	0.87	0.90	9.79
칼 루이스 (1988년)		0.136	1.89	0.94	0.89	0.86	0.83	0.85	0.85	0.86	0.88	9.92
모리스 그린 (1999년)		0.162	1.86	0.92	0.88	0.88	0.83	0.83	0.86	0.85	0.85	9.79
팀 몽고메리 (2002년)		0.104	1.89	0.91	0.87	0.84	0.83	0.84	0.84	0.85	0.88	9.78
아사파 파월 (2005년)		0.150	1.89	0.92	0.86	0.85	0.85	0.84	0.84	0.85	0.85	9.77
우사인 볼트 (2008년)		0.165	1.85	0.91	0.87	0.85	0.82	0.82	0.82	0.83	0.90	9.69
우사인 볼트 (2009년)		0.146	1.85	0.91	0.87	0.85	0.82	0.82	0.82	0.83	0.90	9.58

1906년 도널드 리핀코트(미국)가 10초 6을 기록한 이후 1968년 짐 하인스(미국)가 9초 95로 10초 벽을 허물었다. 20세기 최고의 스프린터 칼 루이스(미국)가 1991년 9초 9 벽을 넘어 9초 86을 기록했고 1999년 모리스 그린(미국)이 9초 79로 다시 9초 8 벽을 깼다. 9초 7과 9초 6은 모두 볼트가 넘었다. 볼트는 2008년 5월 31일 9초 72로 처음 세계신기록을 세운 뒤 2008년 8월 16일 베이징 올림픽에서 9초 69, 정확히 1년 만인 2009년 9초 58을 찍었다. 1년 3개월 만에 세계신기록을 0.16초나 당겼다. 한 번에 0.05초 이상 기록을 단축한 것도 그린 이후 10년 만에 처음이다.

자메이카의 시골 지역인 트렐로니에서 식료품점을 운영하는 부모 아래서 자란 볼트는 어릴 때 크리켓을 배우다 육상을 해보라는 코치의 권유로 트랙에 들어섰다. 지역 초등학교 대회에서 발군의 스피드를 뽐내 발탁됐지만 원래 200m가 전공이었다. 2004년 아테네 올림픽에서는 예

인간 탄환 우사인 볼트. 2008년 베이징에서 9초 69로 금메달을 목에 걸었던 볼트는 불과 1년 만인 2009년 0.11초를 줄이며 신기록을 세웠다. 볼트의 무한질주는 어디까지 계속될까. 그는 "9초 4대까지 뛸 수 있다."고 말했다.

선 탈락했고 2007년 오사카 세계선수권대회 은메달로 처음 메이저대회에서 입상했다. 2009년 베를린 세계선수권을 앞두고는 고향에서 스포츠카를 몰고 가다 빗길에 굴러 아찔한 순간을 경험했고 집에 강도가 드는 등 액땜을 했다.

기록 스포츠에서 인간의 한계는 어디까지인가?

수영의 꽃은 남자 자유형 100m. 세계신기록은 2009년 이탈리아 로마 세계수영선수권대회에서 세자르 시엘루 필류(브라질)가 세운 46초 91. 2008년 베이징 올림픽 예선에서 이먼 설리번(호주)이 세운 47초 05를 0.14초 앞당기며 사상 처음으로 46초대에 진입했다.

수영 남자 100m에서는 통상 '마의 45초대' 벽을 한계로 내세운다. 피터 판 덴 호헨반트(네덜란드)가 2000년 시드니 올림픽에서 47초 84를 기록하고 나서 9년 만에 47초 벽이 무너졌다. 하지만 시엘루 필류도 첨단 수영복의 도움을 받았다는 논란에서 자유롭지 못하다.

빙상 500m는 육상 100m와 비슷하다. 빙상은 얼음 위에서 스케이트 부츠와 블레이드(스케이트 날)에 의존해 속도를 내는 스포츠다. 500m가 단거리 대표 종목이다. 캐나다의 제레미 워더스푼이 2007년 기록한 34초 03이 세계신기록이다. 100m로 환산해 보면 6초 81.

100m 스피드 스케이팅은 이벤트 레이스로 종종 열린다. 일본의 오이가와 유야가 세운 9초 40이 가장 빠른 기록이다. 볼트의 100m 기록과

0.18초밖에 차이가 나지 않는다. 스피드 스케이팅은 출발 때 가속도가 쉽게 붙지 않는다. 100m가 넘어야 점점 더 가속도가 붙어 미끄러지듯 달릴 수 있다.

역도에서는 아무리 괴력의 천하장사라도 보통 자기 몸무게의 3배 이상을 들기는 불가능하다는 게 정설이다. 그러나 올림픽 3연패를 이뤘던 하릴 무툴루(터키)는 56kg급 용상에서 168kg을 든 적이 있다. 2001년 유럽역도선수권대회에서 세운 기록으로 정확히 체중의 3배를 들었다. '인간 기중기'로 불리는 후세인 레자라데(이란)는 용상 최고 기록이 263kg이다. 몸무게는 159kg.

여자 최중량급 세계신기록 보유자 장미란(고양시청)은 용상 최고 기록이 186kg이다. 보통 4톤쯤 나가는 코끼리는 900kg의 통나무를 들 수 있다. 인간이 체중에 비해서 더 무거운 물체를 들 수 있다는 얘기다.

사격에서는 과녁의 지름이 0.05㎜일 때 퍼펙트 명중은 불가능하다고 본다. 사격에서 가장 가까운 거리를 가장 정교한 총으로 쏘는 공기소총 10m 예선에서는 '만점'을 제법 찾아볼 수 있다. 하지만 전자 표적지를 사용해 0.1점 단위로 점수를 매기는 결선에서는 만점을 기록한 경우가 아직 한 차례도 없다. 10점 과녁의 지름이 0.5㎜에 불과한데 이 과녁을 다시 10.0부터 10.9까지 10등분한 공간에서 10발을 모두 10.9점에 맞춘다는 것은 불가능에 가깝다.

양궁은 10점 과녁의 지름이 12.2㎝이다. 이중에서도 정중앙을 의미하는 X10 과녁 지름은 6.1㎝에 불과하다. 현재 70m 거리에서 12발을 쏘아 승부를 가리는 결승 라운드에서 세계신기록은 120점. 2005년 전국체전 당시 최원종(예천군청)이 12발을 모두 10점 과녁에 꽂는 '퍼펙트 스코어'를 기록한 적이 있다. 여자부에서는 윤옥희(예천군청)가 2009년 5월 양궁 월드컵에서 119점을 쏜 적이 있다.

우사인 볼트(자메이카, 1986~)는 2009년 8월 17일 오전(이하 한국 시간) 독일 베를린 올림피아 슈타디온에서 열린 제12회 세계육상선수권대회 남자 100m에서 9초 58이라는 세계신기록으로 우승했다. 2008년 베이징 올림픽에서 9초 69라는 세계신기록으로 금메달을 목에 걸었던 볼트는 불과 1년 만에 0.11초를 줄였다. 인간 한계로 여겨지던 9초 6대와 9초 5대를 잇달아 돌파해버린 것이다. 볼트의 무한질주는 어디까지 계속될까. 그는 "9초 4대까지 뛸 수 있다."고 말했다.

그보다 2년 전 2007년 오사카 세계대회 100m와 200m, 400m 계주에서 3관왕에 올랐던 타이슨 게이는 미국 신기록인 9초 71(종전 9초 77)을 달성하고 은메달에 만족했다. '무관의 제왕'이라는 수식어가 붙은 파월은 이날 출발 반응속도는 셋 중에서 0.134초로 가장 빨랐으나 중반 이후 가속도가 붙은 볼트를 따라잡지 못해 9초 84로 동메달에 머물렀다.

볼트와 게이, 파월은 각각 준결승에서 9초 89, 9초 93, 9초 95를 찍고 전체 1~3위로 결승에 올랐다. 볼트가 가장 좋은 4번 레인, 게이와 파월이 각각 5번과 6번 레인에 나란히 포진했다. 볼트가 급성장한 뒤 한 번도 볼 수 없었던 단거리 빅 3의 역사적인 대결이 성사된 것이었다.

셋이 스타팅 블록에 앉자 경기장에는 장엄한 음악이 흘렀고 모두가 숨죽여 이들의 일거수일투족에 신경을 곤두세웠다. 마침내 스타트 총성이 울리자 곳곳에서 함성과 함께 터진 카메라 플래시로 일대 장관이 연출됐다.

출발 반응속도 0.146초로 힘차게 블록을 차고 앞으로 튕겨 나간 볼트는 0.144초로 앞서간 게이, 파월과 20m 지점까지 일직선을 형성했지만 30m를 지나면서 특유의 '학다리 주법'으로 한 발짝씩 격차를 벌려 나갔고 폭발적인 가속도를 끝까지 유지, 게이를 멀찌감치 떼어냈다.

레이스 시작 전 양팔을 뻗는 독특한 세리머니로 승리를 확신했던 볼트는 결승선 40m 전부터 여유를 부렸던 베이징 올림픽 때와는 달리 끝까지 최선의 레이스를 펼쳤다. 섭씨 28도, 뒷바람 초속 0.9m.

볼트는 인간 한계를 어떻게 뚫었는가?

우사인 볼트는 스타트까지 빨라졌다. 볼트는 196㎝의 큰 키에 다리가 길다. 그만큼 스타트에 불리하다. 그러나 볼트는 2009년 베를린 세계육상선수권대회에서 타이슨 게이(미국), 아사파 파월(자메이카) 등 라이벌에 뒤지지 않을 만큼 출발 반응속도를 높였다.

볼트는 이틀간 4차례 레이스에서 평균 출발 반응속도 0.145초를 기록했다. 베이징 올림픽에서 9초 69로 세계신기록을 세울 당시 반응속도가 0.165초였던 점에 비춰보면 100분의 2초나 줄였다.

예선에서 0.144초로 출발한 볼트는 준준결승에서 0.155초로 약간 늦었지만 준결승에서 가장 빠른 0.135초, 결승에서는 0.146초를 찍었다. 4경기 평균 0.129초를 찍은 파월에게만 뒤졌을 뿐 0.159초인 게이보다 빨랐다. "스타트만 보완하면 더 좋은 기록을 찍을 수 있다."고 누누이 말해 온 볼트의 분석이 결코 빈말이 아니었음이 입증됐다.

역대 육상 100m 세계신기록

선수(국적)	기록	작성일시
도널드 리핀코트(미국)	10초 6	1912. 7. 6
찰스 패덕(미국)	10초 4	1921. 4. 23
퍼시 윌리엄스(캐나다)	10초 3	1930. 8. 9
제시 오웬스(미국)	10초 2	1936. 6. 20
윌리 윌리엄스(미국)	10초 1	1956. 8. 3
아르민 하리(서독)	10초 0	1960. 6. 21
〈이상 수동 계측〉		
짐 하인스(미국)	9초 95	1968. 10. 14
캘빈 스미스(미국)	9초 93	1983. 7. 3
칼 루이스(미국)	9초 92	1988. 9. 24
르로이 버렐(미국)	9초 90	1991. 6. 14
칼 루이스(미국)	9초 86	1991. 8. 25
르로이 버렐(미국)	9초 85	1994. 7. 6
도노번 베일리(캐나다)	9초 84	1996. 7. 27
모리스 그린(미국)	9초 79	1999. 6. 16
팀 몽고메리(미국)	9초 78	2002. 9. 14
아사파 파웰(자메이카)	9초 77	2005. 6. 15
저스틴 게이틀린(미국)	9초 77	2006. 5. 12(타이)
아사파 파웰(자메이카)	9초 77	2006. 6. 11(타이)
아사파 파웰(자메이카)	9초 77	2006. 8. 18(타이)
아사파 파웰(자메이카)	9초 74	2007. 9. 10
우사인 볼트(자메이카)	9초 72	2008. 6. 1
우사인 볼트(자메이카)	9초 69	2008. 8. 16
우사인 볼트(자메이카)	9초 58	2009. 8. 17
〈이상 전자 계측〉		

볼트는 30m부터 치고 나와 긴 다리를 이용한 폭발적인 스퍼트로 격차를 벌려갔고 결승선까지 성큼성큼 '41발자국' 만에 주파했다. 누구든지 스타트에서 볼트를 제압하지 않는 이상 중반 이후 레이스에서는 이기기 어렵다는 결론이다.

게이, 파월과 처음 동반 레이스를 펼쳤다는 점도 동반 상승효과를 냈다. 1980년대 칼 루이스(미국)와 벤 존슨(캐나다)의 라이벌전에 필적할 대결이었다. 베이징 올림픽 3관왕 볼트와 2007 오사카 세계대회 3관왕 게이, 통산 51차례 9초대를 찍은 파월이 나란히 출발선에 선 것만으로도 역사적인 장면으로 불리기에 충분했다. 이날 상위 5명이 9초 93 이하로 뛰었으며 함께 뛴 4명이 그해 개인 최고 기록을 세우는 등 시너지 효과가 컸다.

우사인 볼트는 2009년 베를린 세계선수권대회에서 80m까지 7초 92에 주파하는 등 60~80m 구간에서 폭발적인 가속도를 낸 것으로 나타났다. 볼트는 출발 반응속도(0.146)에서 8명의 주자 중 여섯 번째에 불과했지만 재빠르게 자세를 전환한 뒤 20m를 가장 빠른 2초 89에 돌파했다.

 볼트와 한국 김국영은 딱 6m 35㎝ 거리 차

육상 한국 남자 100m 기록은 김국영이 2010년 6월에 세운 10초 23이다. 우사인 볼트 기록 9초 58과 0.65초 차이다. 거리로는 6m 53㎝. 아르메니아의 100m 최고 기록은 아르만 안드레아스얀이 2009년 세운 10초 45. 룩셈부르크 10초 41. 터키 10초 49, 요르단 10초 48, 아랍에미리트 10초 49, 이라크 10초 66, 쿠웨이트 10초 36, 북한은 유정림이 1991년 작성한 10초 60. 지브롤터 11초 53. 아프리카 마다가스카르는 1968년 세워진 10초 18이 42년째 계속되고 있다.

큰 키와 긴 다리. 출발 반응속도는 느렸지만 우사인 볼트는 20m까지 2초 89에 돌파, 40m까지 4초 64, 60m까지 6초 31을 찍었다. 1초에 10.6m를 달렸으니 시속 38.2km에 달한다.

40m를 4초 64에 주파한 볼트는 60m에서 6초 31을 찍어 각각 6.39(게이)와 6초 42(파월)에 머문 라이벌과 격차를 벌렸고 80m를 7초 92에 돌파, 우승을 결정지었다. 게이와 파월은 80m 주파 당시 8초 02, 8초 10을 찍어 볼트에 0.1초 이상 뒤졌다.

   20m씩 구간을 나눴을 때 20~40m를 1초 75에 끊은 볼트는 40~60m 구간을 1초 67로 줄였다. 이어 60~80m 구간은 1초 61로 단축했고 마지막 구간은 1초 66으로 마무리했다. 40m 이후 세 구간을 모두 1초 6대에 뛴 선수는 볼트와 게이뿐이었다. 게이는 40~60m를 1초 69, 60~80m를 1초 63에 찍는 등 볼트 못지않은 속도를 냈으나 초반의 격차를 줄이지 못해 결국 0.13초 늦은 9초 71에 머물렀다.

   볼트는 반응속도를 빼고 이날 초속 10.6m로 폭풍처럼 달렸다. 이를 시속으로 환산하면 38.2㎞에 달한다. 볼트가 이날 출발 반응속도에서 0.119초로 최고를 기록한 리처드 톰슨(트리니다드토바고)만큼 초반 속도를 높인다면 세계신기록은 더욱 줄어들 공산이 크다.

   볼트의 100m 레이스 최고 속도는 65.03m에서 초속 12.27m. 만약 최고 속도로만 100m를 달린다면 8초 15까지 가능하다는 계산이다. 볼트가 100m 트랙에 찍은 평균 발자국은 40.92걸음으로 2위 타이슨 게이(45.94), 3위 아사파 파월(44.45)에 비해 현저히 적다. 볼트는 2008년 베이징 올림픽 100m 결승에서 9초 69로 우승했을 때 찍은 41~42걸음을

볼트-게이 100m 결승 구간별 시간

선수	반응 속도	20m	40m	60m	80m	100m
우사인 볼트(자메이카)	0.146	2초 89	4초 64	6초 31	7초 92	9초 58
타이슨 게이(미국)	0.144	2초 92	4초 70	6초 39	8초 02	9초 71

더 줄였다. 긴 다리를 활용한 최대 보폭도 80~100m 구간에서는 2.85m
에 달해 2.48m(게이)와 2.65m(파월)보다 훨씬 길었다.

볼트 200m, 400m도
폭풍의 질주

우사인 볼트는 제12회 베를린 세계육상선수권대회 남자 200m에서도 폭풍 질주로 세계신기록을 세우며 우승했다. 볼트는 베를린 올림피아 슈타디온에서 펼쳐진 대회 남자 200m 결승에서 19초 19를 찍어 2008년 베이징 올림픽에서 자신이 세운 종전 세계신기록 19초 30을 0.11초나 앞당겼다.

준결승에서 20초 08을 찍고 전체 1위로 결승에 오른 볼트는 이날 결승에서 5레인을 배정받았다. 볼트는 200m 예선에서 20초 70, 준준결승에서 20초 41로 계속 기록을 계단식으로 줄여가며 결승에 올랐다. 볼트는 2008년 베이징 올림픽에서 역대 9번째로 100m와 200m를 동시에 석권하고, 세계 육상 사상 처음으로 100m와 200m 동시 세계신기록을 보유했다.

한 번의 부정출발 후 스타트 총성과 함께 총알처럼 블록을 박차고 나간 볼트는 곡선주로에서 이미 6번 레인의 알론소 에드워드(파나마)를 따라잡았고 이후 직선주로부터는 단독 질주를 이어갔다. 2위는 19초 81의 에드워드, 3위는 19초 85의 월 러스 스피어먼(미국)이 각각 차지했다.

볼트는 출발 반응속도에서도 0.133초로 가장 빨랐다. 볼트는 베이징 올림픽과 세계선수권대회 등 2년간 열린 메이저 대회에서 5전 5승, 세계 신기록 5개라는 퍼펙트 행진을 이어갔다.

볼트의 200m 구간별 속도를 보면 전반 100m를 9초 92에 주파한 뒤, 후반 100m는 9초 27의 속도로 질주했다. 결승에 출전한 8명 모두 후반 100m 속도가 전반부를 앞섰지만 '괴물' 볼트의 순발력과 폭발적인 스퍼트를 따라잡지는 못했다.

200m는 스타팅 블록을 튕겨 나와 곡선주로를 달려야 하는 특성상 직선주로만 달리는 100m보다는 기록이 늦을 수밖에 없다. 9초 58을 찍고 100m를 우승했던 볼트가 200m의 첫 100m는 9초 92를 달린 것만 봐도 알 수 있다. 볼트는 직선으로 접어든 100m에서 무서운 속도로 9초 27까지 줄였다. 9초 43~44를 찍은 2위권과는 간격이 0.17초나 났다.

출발 반응속도 0.133초로 가장 빨리 뛰쳐나간 볼트는 은메달을 목에 건 알론소 에드워드(19초 81)와 첫 100m에서 격차를 0.45초나 벌렸고 후반 100m에서 0.17초를 더 벌려 0.62초차의 압승을 거두었다. 볼트는 순발력과 스퍼트 능력, 그리고 200m 내내 속도감을 이어갈 수 있는 지구력까지 완벽하게 삼위일체를 이루었다.

우사인 볼트는 남자 400m 계주에서도 우승, 2009년 베를린 대회 3관왕에 올랐다. 자메이카 대표팀의 3번 주자로 뛰어 37초 31의 대회 신기록으로 우승을 이끈 것이었다.

이 종목 대회 종전 최고 기록은 미국이 1993년 작성한 37초 40. 볼트는 400m 계주에서는 2008년 베이징 올림픽 때 세운 세계신기록(37초 10)을 깨지 못했지만 칼 루이스(1983, 1987년), 마이클 존슨(1995년), 모리스 그린(1999년), 타이슨 게이(2007년, 이상 미국)에 이어 역대 다섯 번째로 이 대회 3관왕을 달성했다. 또 베이징 올림픽 100m, 200m, 400m 계주에서 이루었던 트레블(3관왕)을 1년 만에 재현했다. 올림픽과 세계 선수권 두 개 큰 대회에서 6전 전승, 세계신기록 5개라는 신화를 창조했다.

자메이카는 첫 번째 주자 스티브 멀링스만 빼고 마이클 프래터, 볼트, 아사파 파월로 베이징 올림픽과 똑같이 계주 조를 짰다. 100m는 물론 200m에도 강해 곡선주로에서 위력적인 볼트를 세 번째 주자로 놓고 직선주로에서 폭발적인 100m 동메달리스트 파월을 마지막 주자로 배치했다.

스타트 총성과 함께 1, 2번 주자가 선두권을 형성한 자메이카는 배턴을 이어받은 볼트가 곡선주로에서 바짝 치고 나가면서 주도권을 잡았고 파월이 강력한 스퍼트로 마무리해 가장 먼저 골인했다.

트리니다드 토바고(37초 62)와 영국(38초 02)이 뒤를 이었고 베이징 올림픽에서 동메달을 딴 일본이 38초 30의 기록으로 4위를 차지했다. 미국은 전날 배턴 전달 때 구역 이탈로 실격해 준결승에서 탈락했다.

자메이카는 우사인 볼트의 활약으로 베이징 올림픽과 베를린 세계선수권대회에서 남자 100m, 200m, 400m 계주를 싹쓸이했다.

Chapter 04
장거리 선수 이야기

바늘로 우물을 파는
고행의 스포츠

마라톤은 '기왓장을 갈아 바늘을 만드는' 경기다. 고행이다. 몸으로 쓰는 시다. 참다 참다 마침내 터져 나온 울부짖음 같은 것. 사람들은 스스로 고행을 함으로써 저마다 꽃을 피운다. 몸을 부려 뜻을 세운다.

  날씨가 좋다고 방심하면 꽃은 한순간에 떨어진다. 인간이 달리며 숨 쉴 때 드나드는 공기의 속도는 시속 20km 안팎이다. 이 속도로 달려야 몸과 마음이 편안하다. 한숨 빨리 내쉬거나 들이마시면, 금세 발걸음이 흐트러진다. 낙타의 등을 부러뜨리는 것은 결국 볏짚 한 가닥이다. 마라톤도 한 호흡에 달려 있다.

  마라톤은 도끼를 갈아 바늘을 만드는 것이다. 머리카락에 한자 한자

글을 새기는 거나 같다. 날숨 들숨 끊임없이 단순 반복되는 고통의 호흡이다. 마라톤은 발로 쓰는 시다. 길에서 쓰는 시다. 움직여야 시가 나온다. 그것은 동사다. 울부짖음이다. '고통의 굿'이다.

손기정도 황영조도 이봉주도 그렇게 '바늘로 우물을 파듯' 꽃을 피웠다. 몸을 써서 또 한 꺼풀의 허물을 벗었다. 마라톤 대회에는 '사람 꽃'이 가득하다. 다들 몸을 써서 한 소식 얻는다. 몸은 우리의 '오래된 미래'다. 몸에 길이 있다. 몸이 참 달다.

인간 체력의 한계라고 여겨지는 42.195km(26마일 385야드)의 거리를 달리는 최장거리 도로 경주이다. 일반적으로 마라톤이라고 할 때는 풀코스(정규코스)를 말하지만 거리를 단축하여 10km, 20km를 뛰는 것은 단축 마라톤이라고 한다. 마라톤 레이스는 코스를 이탈해서는 안 되고 반드시 자력으로 완주해야 한다는 두 가지 원칙 아래 실시된다. 따라서 공식 코스를 벗어나 지름길을 택하는 등의 행위는 실격 처리되며 또한 레이스 도중 타인의 도움을 받게 되면 이유 여하를 막론하고 실격으로 처리된다.

마라톤은 엄청난 체력 소모를 요하는 경기인 만큼 선수는 경기 이전에 의사의 진단을 받아야 하며 경기 도중이라 하더라도 공식 의무원의 중지 명령을 받았을 때는 즉시 경기를 중단해야 한다. 또 선수들의 에너지를 보충해 주기 위해 출발 5km 지점부터 매 5km마다 음식물 공급소를 설치해 두고 선수들에게 음식물을 제공하게 되는데 마라톤 선수는 주최 측이 지정한 음식물 공급소 이외에서 음식물을 먹었을 경우에도 실격이며 레이스 도중 경기임원이나 타인이 물을 뿌려줘도 타인의 도움을 받은 것으로 간주 실격된다.

마라톤의
역사 진실은?

마라톤 경기는 흔히 기원전 490년 아테네군 1만 명과 페르시아군 10만 명이 아테네 동북방 40.2km 떨어진 마라톤 고원에서 대전투를 벌인다. 아테네군은 격전 끝에 페르시아군을 괴멸시켰고 이 기쁨의 승전보를 전하기 위해 '페이디피데스'라는 병사가 아테네까지 단숨에 달려간다. 그러나 페이디피데스는 아테네에 도착해 수많은 시민들에게 "기뻐하라, 우리가 정복했다."는 한마디를 전하고 그대로 쓰러져 죽는다. 마라톤은 바로 이 전설에서 시작된다.

그러나 이것은 어디까지나 전설에 불과하다. 당시 마라톤 전투를 자세히 기록한 헤로도토스(기원전 484~425?)의 『역사』 책 어디에도 이 이야기는 나오지 않는다. 4세기가 지난 후 플루타르코스가 기록한 마라톤 전투에서도 전혀 나오지 않는다. 이 전설은 마라톤 전투가 끝난 뒤 600년이 지난 기원후 2세기 때의 작가 루키아노스에 의해 비로소 처음 언급된다.

아테네까지 달려간 병사의 이름이 페이디피데스(Pheidippides)라고 하는 것도 의문이 많다. 당시 각종 문헌에 따르면 페이디피데스는 페르시아군이 마라톤 평원 근처 해안에 상륙하자 아테네군 사령부가 150마일(241.4km) 떨어진 스파르타에 긴급 원군을 요청하기 위해 보낸 병사 이름이다. 그는 꼬박 이틀 동안 달려 스파르타에 도착해 원병을 요청했지만 스파르타군은 움직이지 않았다.

이틀 동안 150마일을 달려가서도 끄떡없었던 페이디피데스가 전투가 끝난 뒤 승전보를 전하기 위해 아테네까지 40km를 달린 뒤 쓰러졌다는 것도 의문의 여지가 많다.

일부에서는 페이디피데스가 마라톤 평원에서 스파르타까지 원병을 요청하기 위해 달렸던 내용이 시간이 흐르면서 변질된 것으로 보고 있다. 만약 이 가설이 맞는다면 마라톤 거리가 241.1km가 돼야 한다는 얘기가 된다.

한편 헤로도토스의 『역사』에는 마라톤 전투에서 아테네군은 192명이 희생자를 낸 반면 페르시아군은 6400명이 전사한 것으로 돼 있다. 지금도 마라톤 평원 부근에는 마라톤 전투 전사자 192명의 무덤인 '팀보스'가 있다.

1896년 아테네에서 열린 제1회 근대올림픽에서 이 마라톤 전쟁의 고사를 스포츠로 승화시켜 마라톤이 첫선을 보였다. 스피리돈 루에스라는 그리스 목동이 첫 우승을 차지했다. 마라톤 거리가 42.195km로 결정된 것은 제4회 런던올림픽에서부디. 처음에는 출발 지점을 주경기장으로 하여 42km로 했으나 출발 지점을 여왕이 있는 윈저궁으로 변경함에 따라 거리가 195m가 더 늘어났고 이후부터 42.195km로 굳어졌다.

그러나 이러한 전설이 없었더라도 마라톤은 태어날 수밖에 없었을 것이다. 왜냐하면 달리기는 인간의 본능이기 때문이다. 『달리기의 심리학』이란 책을 쓴 빌리 쾰러는 "인간의 육체는 100km 이상의 장거리를 지속적으로 달릴 수 있으며, 달리기에 알맞도록 힘을 비축할 수 있다. 인간은 원래 달리는 능력을 가지고 태어났다."고 말한다.

'인간 기관차'로 불렸던 체코의 에밀 자토펙은 올림픽 사상 유일한 육상 장거리 3관왕으로 유명하다. 그는 1948년 런던올림픽 1만m 금메달에 이어 1952년 헬싱키올림픽 장거리 3관왕(5000, 1만m, 마라톤)에 올라

'신발을 신은 전갈'이란 별명을 얻었다. 그는 세계 기록을 18개나 세우기도 했다. 그는 말한다. "새는 날고, 물고기는 헤엄치고, 사람은 달린다."

마라톤
빠르기의 역사

손기정 선생의 1936년 베를린 올림픽 마라톤 우승 기록은 2시간 29분 19초. 100m 평균 21.23초의 빠르기다. 당시 역대 올림픽 사상 최고기록이자 2시간 30분 벽을 처음으로 깬 대단한 기록이었다. 하지만 손 선생의 우승 기록은 영국의 파울라 래드클리프의 여자 세계최고기록 2시간 15분 25초보다도 13분 54초 느리다. 래드클리프는 100m를 평균 19.25초에 달려 손 선생보다 1.98초 빠르다. 요즘은 웬만한 아마추어 남자 마라토너들의 우승 기록이 2시간 20분대에 이른다. 그만큼 세계 마라톤 기록은 70년 동안 엄청나게 단축돼 왔다. 식이요법, 신발 개발 등과 함께 평탄한 코스 개발 등이 그 원인이다. 현재 한국 마라톤 최고기록은 이봉주의 2시간 7분 20초(100m 평균 18.10초, 시속 19.872km).

2011년 1월 현재 마스터스 세계 최고기록은 2003년 베를린 마라톤에서 멕시코의 안드레스 에스피노자가 세운 2시간 8분 46초. 물론 에스피노자는 엘리트 선수 출신이지만 서양에서는 40세가 넘으면 출신 여부와 관계없이 마스터스로 간주한다.

세계 최초 마라톤 공식 기록은 1896년 제1회 아테네 올림픽에서 그리스의 드미트리 오스 델리기아니스가 세운 3시간 3분 5초. 이후 29년 만인 1925년 미국의 앨버트 미첼슨이 2시간 29분 2초의 기록으로 2시간 30분대 벽을 처음으로 깼다(올림픽에서는 손기정 선생이 처음 깸). 2시간 20분 벽은 1953년 영국의 제임스 피터스에 의해 무너졌다. 그는 2시간 19분 41초의 기록으로 2시간 10분대에 진입하더니 그 다음해에는 2시간 17분 40초의 기록으로 결승선을 끊었다. 자신의 기록을 2분 1초나 앞당긴 것이다.

역대 세계 최고기록 보유자 중에는 한국인도 2명이나 포함돼 있다. 스승인 손기정과 그의 제자 서윤복이 그 주인공이다. 손기정은 1935년 도쿄에서 2시간 26분 42초의 세계 최고기록을 세웠고 이 기록은 12년 뒤인 1947년 서윤복이 보스턴 대회에서 2시간 25분 39초의 최고기록으로 우승함으로써 깼다. 서윤복의 기록은 1952년 영국 제임스 피터스(2시간 20분 43초)에 의해 깨졌다. 결국 17년 동안 한국 마라톤은 세계 정상에 우뚝 서 있었던 셈이다.

2시간 10분 벽이 깨진 것은 1967년. 호주의 네넥 클레이톤이 2시간 9분 37초의 기록으로 본격적인 스피드 경쟁에 불을 지폈고, 그 후 36년 만인 2003년 폴 터갓이 마침내 2시간 4분대에 진입했다. 그리고 2008년 9월 게브르셀라시에가 베를린 마라톤에서 2시간 3분 59초로 2시간 3분대에 진입했다.

현대 마라톤은 '단거리의 확대판'이다. 처음부터 끝까지 처절한 스피드 레이스다. 2시간 5분대를 달리려면 5000m 13분 20초 이내, 1만m 27분대에 끊어야 한다. 5000m 세계기록은 에티오피아의 케네니사 베켈레 12분 37초 35, 한국 지영준 13분 49초 99. 1000m 세계기록은 역시 베켈레의 26분 17초 35, 한국 김종윤의 28분 30초 54. 한국 마라톤 최고기록은 2000년 2월 도쿄 마라톤에서 이봉주가 세운 2시간 7분 20초. 이

기록은 1985년 포르투갈의 카를로스 로페스가 2시간 7분 12초를 세우며 넘어선 기록이다.

마라톤 빠르기의 역사

- 1908. 7. 24 존 하예스(미국) 2시간 55분 18초 4
- 1909. 1. 1 로버트 플라워(미국) 2시간 52분 45초 4
- 1909. 2. 12 제임스 클라크(미국) 2시간 46분 52초 8
- 1909. 5. 8 알버트 레이즈(미국) 2시간 46분 4초 6
- 1909. 5. 26 헨리 바레트(독일) 2시간 42분 31초 0
- 1909. 8. 31 투레 요한슨(스웨덴) 2시간 40분 34초 2
- 1913. 5. 12 해리 그린(독일) 2시간 38분 16초 2
- 1913. 5. 31 알렉시스 알그렌(스웨덴) 2시간 36분 6초 6
- 1920. 8. 22 요한 콜마인(핀란드) 2시간 32분 35초 8
- 1925. 10. 12 알버트 미첼슨(미국) 2시간 29분 1초 8
- 1935. 3. 31 스즈키 후사시게(일본) 2시간 27분 49초 0
- 1935. 4. 3 손기정(한국) 2시간 26분 42초
- 1947. 4. 19 서윤복(한국) 2시간 25분 39초
- 1952. 6. 14 제임스 피터스(영국) 2시간 20분 43초
- 1953. 6. 13. 제임스 피터스(영국) 2시간 18분 41초
- 1953. 10. 4 제임스 피터스(영국) 2시간 18분 35초
- 1954. 6. 26 제임스 피터스(영국) 2시간 17분 40초
- 1958. 8. 24 세르게이 포포프(구 소련) 2시간 15분 17초
- 1960. 9. 10 아베베 비킬라(에티오피아) 2시간 15분 17초

- 1963. 2. 17 도루 데라사와(일본) 2시간 15분 16초
- 1963. 6. 15 레오나르드 에델렌(미국) 2시간 14분 28초
- 1964. 6. 13 바실 히틀리(영국) 2시간 13분 55초
- 1964. 10. 21 아베베 비킬라(에티오피아) 2시간 12분 12초
- 1965. 6. 12 모리오 시게마츠(일본) 2시간 12분 00초
- 1967. 12. 3 데렉 클레이톤(호주) 2시간 9분 37초
- 1969. 5. 30 데렉 클레이톤(호주) 2시간 8분 34초
- 1981. 12. 6 롭 데 카스텔라(호주) 2시간 8분 18초
- 1984. 10. 21 스티브 존스(영국) 2시간 8분 5초
- 1985. 4. 20 카를로스 로페스(포르투갈) 2시간 7분 12초
- 1988. 4. 17 벨라이네 딘사모(에티오피아) 2시간 6분 50초
- 1998. 9. 20 호나우두 다 코스타(브라질) 2시간 6분 5초
- 1999. 10. 24 할리드 하누치(미국) 2시간 5분 42초
- 2002. 4. 14 할리드 하누치(미국) 2시간 5분 38초
- 2003. 9. 27 폴 터갓(케냐) 2시간 4분 55초
- 2007. 9. 30 하일레 게브르셀라시에(에티오피아) 2시간 4분 26초
- 2008. 9. 28 하일레 게브르셀라시에(에티오피아) 2시간 3분 59초

맨발의 마라토너, 비킬라 아베베

"한국에 두 번째 온다. 6·25 전쟁 때 1년 동안 에티오피아대대장 경호병

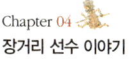

(상등병)으로 참전했다. 마침 이번 대회가 9·28 수복을 기념하는 대회라고 들었는데 그래서 더욱 감회가 깊다. 이번 대회는 신발을 신고 뛸 것이다. 2년 뒤에 있을 멕시코 올림픽에서 반드시 우승, 올림픽 3회 연속 제패를 하고 싶다. 그 뒤엔 후배들을 위해 은퇴한 뒤 코치 생활을 할 것이다. 고지대인 멕시코 올림픽에선 어렵겠지만 다른 곳에서라면 2시간 5분대까지 가능하다고 생각한다."

1966년 10월 26일 '맨발의 마라토너' 비킬라 아베베(1932~1973)가 서울에 왔다. 코밑수염에 깡마른 체격(174cm 58kg). 흰 와이셔츠에 붉은 줄무늬 넥타이 차림. 녹두 빛깔 스웨터에 회색 싱글을 받쳐 입었다. 서른넷의 중년. 그는 시종 무뚝뚝했다. 그러나 자신감이 철철 넘쳤다.

그는 동아일보가 주최한 9·28 수복 기념 국제마라톤대회에 초청 선수로 참가했다. 호주의 크라크, 미국의 히킨스, 일본의 2시간 15분대 선수인 타라자와 하쿠라(寺澤春佳)와 기미하라 겐지(君原健二) 등 또 다른 초청 선수들도 만만치 않았다.

10월 28일 아베베는 코스 답사를 하면서 20km를 1시간 5분에 달렸다. 컨디션은 괜찮아 보였다. 그러나 아무래도 시차 부담이 있는 듯 몸이 무거웠다. 레이스는 10월 30일 낮 12시에 펼쳐졌다. 날씨는 약간 더웠다. 섭씨 16도에 습도 75%, 초속 1~1.5m의 남서풍. 인천 올림포스호텔 앞을 출발해 서울을 향해 국도를 따라 달렸다.

레이스는 싱겁게 끝났다. 일본 선수들과 선두권을 형성하며 달리던 아베베는 15km 지점에서 치고나갔다. 일본 선수들은 필사적으로 따라붙었다. 그러나 거기까지였다. 20km 지점부터는 아베베의 완전 독주였다. 2시간 17분 4초로 우승. 2위는 일본 선수 타라자와의 2시간 19분 35초

'흑인은 결코 장거리를 달릴 수 없다.'고 여겨지던 시절, 아프리카 흑인 사상 최초의 올림픽 금메달리스트 비킬라 아베베. 이탈리아에게 5년 동안 무단 점령당했던 에티오피아의 영웅이다. 아베베가 로마 올림픽에서 돌아오는 날, 에티오피아 하일레 셀라시에 황제는 16km 넘는 길을 마중 나와 왕관을 벗어 아베베의 머리에 씌웠다.

와는 2분 31초 차. 4위 한국의 김봉래(2시간 24분 57초)보다는 무려 7분 53초나 빨랐다.

아베베는 "항상 우승했기 때문에 우승에 대한 소감이 없다."고 말했다. 그는 "목표가 11분대 돌파였으나 25km 지점에서 왼쪽 발목을 삔 데다 발에 물집까지 생겨 한때 레이스를 포기할까 생각도 했다."고 덧붙였다.

공교롭게도 아베베의 공식 대회 우승은 동아일보가 주최한 그 대회가 마지막이었다. 그는 1968년 멕시코 올림픽 마라톤 레이스 도중(17km 지점) 다리가 부러져 포기했다. 그리고 그 뒤로 다시는 달릴 수 없었다.

아베베는 에티오피아 전국 군인 마라톤에 첫 출전, 우승하며 혜성과 같이 등장했다. 그는 원래 소를 치는 목동이었다. 해발 3000m 고지대 초원에서 소를 몰면서 자연스럽게 심장과 다리 근육을 키웠던 것이다. 그는 생애 15번 공식 대회에 참가해 12번 우승(2번 기권)했다. 1963년 보스턴 마라톤 5위가 유일하게 우승하지 못한 대회였다. 전성기인 1964년(3회 우승), 1965년(1회 우승), 1966년(2회 우승)엔 참가만 하면 모두 우승했다.

하지만 거기까지였다. 앞서 말한 동아일보 주최 9 · 28 수복 기념 국제 마라톤대회에서 우승한 뒤 내리막세가 뚜렷했다. 1967년에는 사상 첫 기권을 하더니, 1968년 멕시코 올림픽에서도 도중에 레이스를 접었다.

아베베 신화는 누가 뭐래도 1960년 로마 올림픽에서 탄생했다. 그는 맨발로 달려 우승했다. 결승선을 끊고도 "아직 20km는 더 달릴 수 있다."고 큰소리쳤다. 그는 그때까지 마라톤 풀코스를 단 2번밖에 완주하지 않았다. 그런데도 2시간 15분 16초 세계최고기록을 세우면서 아프리카인 최초로 올림픽 금메달을 목에 걸었다.

더구나 이탈리아는 그의 조국 에티오피아를 빼앗았던 나라였다. 1936년 파시스트 무솔리니가 침공해 1941년까지 5년 동안 무단 점령했던 것이다. 세계 언론은 그의 로마 올림픽 우승을 상징적으로 묘사했다.

"에티오피아를 점령하기 위해서는 모든 이탈리아군이 필요했지만, 로마를 점령하는 데는 단 한 명의 에티오피아군(아베베는 당시 하사관)으로 가능했다."

아베베도 "나는 다만 달릴 뿐이다. 나는 내 조국 에티오피아가 항상 단호하고 영웅적으로 시련을 이겨냈다는 사실을 전 세계에 알리고 싶었다."며 이탈리아의 에티오피아 침공 사실을 상기시켰다.

아프리카 흑인 사상 최초의 올림픽 금메달이었다. 서구 전문가들은 깜짝 놀랐다. 당시 그들은 '흑인은 결코 장거리를 달릴 수 없다.'고 생각했다. 아베베의 우승은 그러한 편견을 한방에 날려버렸다. 만약 그가 신발까지 신고 달린다면, 얼마나 빨리 달릴지 아무도 예측할 수 없었다. 당시 사람들은 아베베가 '신발을 살 수 없을 정도로 너무 가난해서' 맨발로 달렸다고 생각했다.

과연 아베베는 신발이 없었을까. 아니다. 아베베는 당시 신발이 있었다. 그는 연습할 때 대부분 신발을 신고 달렸다. 하지만 가끔 신발이 발에 맞지 않았다. 그럴 때는 거추장스러운 신발을 벗어버리고 맨발로 달렸다.

맨발 연습 기록이 더 좋았다. 20마일(약 32km)을 맨발로 1시간 45분, 신발로 1시간 46분 30초에 달렸다. 하지만 당초 로마 올림픽에서 맨발로 달릴 생각은 없었다. 더구나 당시 독일의 아디다스가 에티오피아 육상 팀에게 신발을 후원하고 있었다. 당연히 아베베에게도 아디다스 신발이 지급됐다. 하지만 그 신발이 잘 맞지 않아 물집이 생겼다. 새 신발은 1~2주일쯤 전부터 길을 들여야 하는데, 아베베는 올림픽에 임박해서야 그 신발을 신어봤던 것이다(로마에 와서 새로 산 러닝화가 발에 맞지 않았다는 설도 있다).

아베베가 로마 올림픽에서 돌아오는 날, 에티오피아 하일레 셀라시에 황제는 16km 넘는 길을 마중 나와 그를 맞았다.

"축하하오. 당신은 황제인 나보다 열배 백배 우리 에티오피아 이름을 만방에 떨쳤소! 장하오!"

황제는 왕관을 벗어 아베베 머리 위에 씌워줬다.

아베베 신화는 1964년 도쿄 올림픽에서도 계속됐다. 누구도 그의 우승을 예상하지 못했다. 올림픽 5주일 전에 맹장 수술을 하는 바람에 그는 우승 후보에서 일찌감치 밀려나 있었다. 9월 16일 맹장 수술을 받았고 9월 27일 훈련을 재개했다. 그리고 10월 21일 보란 듯이 세계최고기록(2시간 12분 12초)으로 우승해 버렸다. 올림픽 2회 연속 우승이자 2회 연속 세계최고기록 올림픽 우승이었다.

아베베는 도쿄 올림픽에서 맨발로 달리고 싶어도 그럴 수가 없었다. 세계적인 신발 회사들이 그를 가만두지 않았다. 로마 올림픽에서 어처구니없게 아베베를 놓쳐버린 아디다스가 맹렬하게 달려들었다. 하지만 아베베를 잡는 데 성공한 것은 아디다스의 라이벌인 독일의 푸마였다. 아디다스는 뼈아팠을 것이다. 푸마가 '아디다스 창업자 아디 다슬러의 형인 루돌프 다슬러의 회사'라는 데서 더욱 그렇다. 두 회사는 그만큼 경쟁이 치열했다. 피를 나눈 형제였지만 사업에는 '피도 눈물도' 없었다.

아베베가 시상대에 선 도쿄 올림픽 남자 마라톤 시상식은 아직까지도

'소가 웃을 해프닝'으로 기억되고 있다. 시상대에서 에티오피아 국기는 올라갔지만 국가는 일본 국가나 마찬가지인 기미가요가 연주됐던 것이다. 도쿄 올림픽 조직위는 "에티오피아 국가를 준비하지 않아 부득이 개최국의 기미가요를 연주한다."고 말했다.

"적은 67명의 다른 선수들이 아니라 바로 나 자신이었다. 나는 그 싸움에서 이긴 것이다. 나는 남들과 경쟁하여 이긴다는 생각보다 내 고통을 이긴다는 생각으로 달린다. 고통과 괴로움에 지지 않고 마지막까지 달렸을 때 승리가 찾아왔다."

1969년 2월 아베베가 쓰러졌다. 훈련을 마친 뒤, 황제가 하사한 폭스바겐을 몰고 가다가 빗길에 교통사고가 난 것이다. 목이 부러지고 척추가 다쳐 하반신이 마비됐다. 하지만 아베베는 절망하지 않았다. 그는 1970년 노르웨이 25km 휠체어 눈썰매 크로스컨트리 대회에서 금메달을 따냈다. 10km 레이스에서는 특별상도 받았다. 장애인 올림픽 양궁과 탁구에서도 금메달을 목에 걸었다. 그는 "내 다리로는 더 달릴 수 없지만 나에겐 두 팔이 있다."며 의지를 불태웠다.

아베베는 1973년 41세 나이에 뇌종양으로 숨졌다. 그리고 에티오피아의 수도 아디스 아바바의 세인트 조지프 교회 묘지에 묻혔다. 무덤 좌우에는 그의 올림픽 우승 골인 장면을 묘사한 두 개의 동상이 서 있다. 한쪽은 로마 올림픽 때의 맨발의 아베베, 또 다른 쪽은 1964년 도쿄 올림픽 때의 신발 신은 아베베.

짧지만 굵직한 삶. 그의 무덤 안내문에는 "영웅, 여기에 묻혀 있다."고 적혀 있다. 그렇다. 그는 에티오피아의 영웅이었고, 아프리카의 영웅이었고, 전 인류의 영웅이었다. 진정 인간 승리의 주인공이었다.

마라톤,
인간의 한계는 어디까지인가?

하일레 게브르셀라시에(에티오피아, 1973~)가 마침내 2시간 4분대 벽을 깨뜨렸다. 게브르셀라시에는 2008년 9월 28일 베를린 마라톤에서 2시간 3분 59초로 세계최고기록을 세우며 우승했다. 2007년 베를린 대회에서 자신이 세운 세계최고기록(2시간 4분 26초)을 27초 앞당기며 3년 연속 우승한 것이다. 그는 100m를 평균 17.63초의 속도로 달렸다. 10초에 평균 56.7m를 달린 셈이다.

마라톤 인간 한계는 어디까지일까? 과연 2시간 벽도 깨질 것인가? 세계 마라톤은 1908년 미국의 존 하예스의 2시간 55분 18초가 공식 기록으로 집계된 이래 올해로 103년째이다. 103년 동안 50분 52초가 빨라졌다.

1988년 4월 2시간 7분 벽이 깨진 뒤(에티오피아의 벨라이네 딘사모, 2시간 6분 50초) 11년 6개월 만에 2시간 6분 벽이 깨졌고(1999년 10월, 모로코의 할리드 하누치, 2시간 5분 42초), 2시간 5분 벽이 무너진 것은 그보다 훨씬 짧은 4년(2003년 9월, 케냐의 폴 터갓 2시간 4분 55초)이다. 갈수록 '가상의 벽'이 깨지는 시간은 짧아지고 있다.

2시간 3분 벽은 언제 깨질까? 게브르셀라시에는 "난 2시간 3분대까진 뛸 수 있다는 느낌이 든다. 특히 베를린에서 그렇게 뛸 수 있을 것 같다."고 자신한다. 아마 그럴 것이다. 적어도 2시간 3분 벽 아니 2분 벽은 머지않아 그에 의해 깨질 가능성이 크다. 게브르셀라시에는 2007년 1월 미국 피닉스 하프마라톤에서 58분 55초의 세계최고기록을 세웠다. 만약 똑같은 스피드를 유지할 수 있다면 풀코스를 1시간 57분 50초에 끊는다는 계산이다.

스포츠 생리학자들은 "2시간 벽은 깨지겠지만 1시간 55분대까지 근접하진 못할 것"으로 내다보고 있다. 미국 켄터키 주립대 존 크릴 교수 팀은 날씨, 코스, 러닝화 등 최적의 조건으로 시뮬레이션할 경우 마라톤 풀코스 한계 기록이 1시간 57분에 달한다는 연구 결과를 내놓기도 했다. 1시간 57분에 풀코스를 뛰려면 100m를 16초 63에 달려야 한다.

게브르셀라시에는 19세 때부터 29세까지 세계 중장거리(1500m, 3000m, 5000m, 1만m)를 휩쓸었다. 10년 동안 크로스컨트리, 5000m, 1만m에서 24번의 세계신기록을 작성했다. 그리고 29세인 2002년에야 비로소 런던 마라톤 대회에서 처음 풀코스 마라톤을 뛰었다. 그는 데뷔 이래 단 한번도 2시간 6분대를 넘은 적이 없다. 그만큼 빠르다는 이야기다.

게브르셀라시에의 달리기 발자취

중장거리

- 1992년(19세) 세계 주니어육상선수권 5000m, 1만m 우승
- 1993년(20세) 독일 슈투트가르트 세계선수권 1만m 우승
- 1995년(22세) 스웨덴 예테보리 세계선수권 1만m 우승
- 1996년(23세) 애틀랜타 올림픽 1만m 우승
- 1997년(24세) 그리스 아테네 세계선수권 1만m 우승
- 1999년(26세) 스페인 세비야 세계선수권 1만m 우승
- 1999년(26세) 일본 마에바시 세계실내육상선수권 1500m, 3000m 우승
- 2000년(27세) 시드니 올림픽 1만m 우승
- 2003년(30세) 영국 버밍엄 세계실내육상선수권 3000m 우승

- 2004년(31세) 아테네 올림픽 1만m 5위
- 2008년(35세) 베이징 올림픽 1만m 6위

마라톤

- 2002년(29세) 런던 마라톤 데뷔전 할리드 하누치(미국), 폴 터갓(케냐)에 이어 3위(2시간 6분 35초)
- 2005년(32세) 암스테르담 마라톤 2시간 6분 20초 시즌 최고 기록 우승
- 2006년(33세) 베를린 마라톤 2시간 5분 56초 시즌 최고 기록 우승
- 2006년(33세) 후쿠오카 마라톤 2시간 6분 52초 우승
- 2007년(34세) 뉴욕 시티 하프마라톤 59분 24초 우승
- 2007~2008년(35세) 리스본 하프마라톤대회까지 하프마라톤 출전, 전 대회 우승(9차례)
- 2007년(34세) 베를린 마라톤 2시간 4분 26초 세계최고기록 우승
- 2008년(35세) 두바이 마라톤 2시간 4분 53초 우승
- 2008년(35세) 베를린 마라톤 2시간 3분 59초 세계최고기록 우승

　게브르셀라시에는 에티오피아 아셀라(해발 2430m)에서 태어났다. 걸음마를 시작할 때부터 산과 들로 뛰어 다녔다. 학교도 왼손에 책보를 꽉 쥐고 바람같이 달려갔다가, 바람같이 돌아왔다. 통학버스 같은 것은 아예 처음부터 없었다. 집과 학교의 거리는 정확히 10km 거리. 그의 심장은 기관차 엔진처럼 튼튼했고, 그의 두 다리는 무쇠처럼 단단했다.
　1992년 19세의 나이에 세계주니어선수권대회 5000m, 1만m를 석권하며 세계무대에 얼굴을 내밀었다. 하지만 그에게는 새삼스러울 것도 없

었다. 다르다면 트랙 위를 달린다는 것뿐, 날마다 학교 오가는 것과 똑같았다. 오히려 왼손에 책보가 없어 허전했다. 뭔가 가슴 한쪽에 구멍이 뻥 뚫린 것 같았다. 그래서 트랙에서도 왼손은 늘 책보를 쥔 폼으로 달렸다. 사람들은 왜 왼손을 구부정하게 늘어뜨린 폼으로 달리느냐며 수군댔다. 하지만 남이 뭐라든 그건 알 바 아니었다. 스무 살 때인 1993년부터 1995, 1997, 1999년까지 세계선수권 1만m 4회 연속 우승. 1996년 애틀랜타 올림픽, 2000년 시드니 올림픽 1만m 우승. 크로스컨트리, 5000m, 1만m에서 24번 세계신기록 작성. 그 앞에는 거칠 것이 없었다.

현대 마라톤은 장거리 아닌 단거리경주다

아프리카 마라톤 선수들은 몸이 길쭉하다. 얼굴도 갸름하다. 하나같이 모딜리아니 그림에 나오는 인물들을 닮았다. 다리는 두루미처럼 가늘고 길다. 몸은 마른 북어처럼 깡말랐다. 어느 케냐 선수는 말한다.

"우리들이 버드나무라면, 유럽 선수들은 참나무나 같다. 우리 다리는 결승선까지 리드미컬하고 탄력 있게 움직이지만, 그들의 다리는 갈수록 쿵쿵거리고 천근만근 무거워진다."

현재 남자 마라톤 세계최고기록 보유자인 에티오피아의 하일레 게브르셀라시에는 2008년 9월 28일 제33회 베를린 마라톤에서 2시간 3분 59초로 세계최고기록을 세우며 우승했다. 2007년 이 대회에서 자신이 세운 세계최고기록(2시간 4분 26초)을 27초 앞당기며 3년 연속 우승한 것이다.

그의 빠르기는 100m를 평균 17.63초의 속도로, 10초에 평균 56.7m를 달린 셈이다.

게브르셀라시에는 2006년 1월 미국 피닉스 하프마라톤에서 58분 55초의 세계최고기록을 세웠다. 만약 똑같은 스피드를 유지할 수 있다면 풀코스를 1시간 57분 50초에 끊는다는 계산이다.

결국 문제는 스피드다. 현대 마라톤은 100m 달리듯이 빨리 달리지 않으면 우승할 수 없다. 단거리 확대판이다. 처음부터 끝까지 오직 스피드 전쟁뿐이다. 날로 코스가 평탄해지기 때문에 오버페이스를 크게 염려할 필요도 없다.

한국 마라톤의 장점은 은근과 끈기이다. 거꾸로 말하면 스피드가 부족하다는 말에 다름 아니다. 게브르셀라시에는 19세 때부터 29세까지 세계 중장거리(1500, 3000, 5000, 1만m)를 휩쓸었다. 그리고 29세인 2002년에야 비로소 런던 마라톤 대회에서 처음 풀코스 마라톤을 뛰었다. 그는 마라톤 데뷔 이래 단 한번도 2시간 6분대 이후로 벗어난 적이 없지만 그도 요즘 내리막 증세를 보이고 있다. 새해마다 세계 맨 처음 열리는 두바이 마라톤 대회 기록을 보면 한눈에 알 수 있다. 그는 3년 연속 우승은 했지만, 2008년 2시간 4분 53초, 2009년 2시간 5분 29초, 2010년 2시간 6분 09초로 미끄럼을 타고 있다. 2009년 9월 4번째 베를린 마라톤 우승 기록도 2시간 6분 08초에 그쳤다.

현대 마라톤에서 2시간 5분대를 달리려면 5000m 13분 20초 이내, 1만m 27분대에 끊어야 한다. 현재 5000m 세계신기록은 12분 37초 35의 케네니사 베켈레(에티오피아)가 보유하고 있다. 1만m 세계신기록 역시 베켈레의 26분 17초 35이다. 베켈레는 게브르셀라시에보다 아홉 살 어리다. 키

2011년 현재 남자 마라톤 세계최고기록 보유자인 에티오피아의 하일레 게브르셀라시에. 제33회 베를린 마라톤에서 2시간 3분 59초로 3년 연속 우승을 거머쥐었다. 그의 빠르기는 100m를 평균 17.63초, 환산하자면 10초에 평균 56.7m를 달린 셈이다. 현대 마라톤은 스피드 전임을 여실히 보여준다.

도 게브르셀라시에(160cm)에 비해 6cm 더 크다. 젊고 하드웨어가 좋다. 베켈레가 마라톤에 여러 면에서 더 유리하다. 어쩌면 그가 2시간 3분대 벽을 맨처음 깰지도 모른다.

베를린 마라톤은 런던 마라톤과 함께 코스가 평탄해 세계최고기록이 유독 많이 나오는 것으로 유명하다. 2008년까지 남자부에서 4개, 여자부에서 2개 등 총 6개의 세계최고기록이 나왔다. 2003년 폴 터갓(케냐)이 2시간 4분 55초의 세계최고기록을 세운 것을 시작으로 게브르셀라시에가 4분대, 3분에 잇달아 진입하는 등 역대 남자 마라톤 1, 2, 4위 기록이 모두 베를린에서 나왔다

한국 마라톤 최고 기록은 2000년 2월 도쿄 마라톤에서 이봉주가 세운 2시간 7분 20초. 이 기록은 1985년에 포르투갈의 카를로스 로페스가 2시간 7분 12초를 세우며 넘어선 기록이다. 한국 마라톤은 세계에 딱 26년 뒤지고 있는 셈이다.

현대 마라톤은 스피드가 있으면 살고, 스피드가 없으면 죽는다. '후반 30km 이후에 승부를 건다.'는 더 이상 작전도 아니다. 승부는 41km까지 살아남은 선수들끼리만 펼쳐진다. 나머지 1.195km에서 최후의 진검 승부가 벌어진다. 승부가 도로 아닌 경기장 트랙 위에서 결정된다는 얘기다. 불과 얼마 전까지만 해도 '마라톤 트랙 게임'은 보기 힘들었다. 하지만 요즘에는 새삼스러운 일도 아니다.

트랙 게임을 벌이는 선수들은 피가 마른다. 입술이 바싹바싹 타고, 심장은 금방이라도 터질 것 같다. 몸은 천근만근 자꾸만 땅속으로 가라앉는다. 오직 정신력으로, 본능적으로 다리를 옮길 뿐이다.

2007년 10월 8일 미국 시카고 남자 마라톤에서는 0.5초 차이로 우승

자가 바뀌는 최고의 트랙 게임이 펼쳐졌다. 출발 기온 섭씨 23도에 골인 기온 31도. 찜통 속에 펼쳐진 지옥의 레이스였다.

결승선을 코앞에 두고 조우아두 가리브(모로코)가 1위를 달렸지만 그가 잠시 방심하며 스피드를 늦추는 순간, 바짝 뒤따르던 패트릭 이부티(케냐)가 치고 나가 가슴을 쭉 내밀었다.

결국 이부티와 가리브는 2시간 11분 11초로 '동시에' 골인한 것으로 나왔다. 하지만 현장 사진 판독 결과 이부티가 0.5초 빠른 것으로 판정돼 1위를 차지했다. 초 단위까지만 기록을 재는 마라톤 대회에서조차 이젠 포토 피니시(결승선 사진 판독)로 우승자를 가리는 속도전 시대가 된 것이다.

Chapter 05
장대높이뛰기 선수의 고독

인간도 날갯짓을 꿈꾼다

지상의 모든 생물은 날갯짓을 꿈꾼다. 돌고래는 7m가 넘게 공중으로 껑충 뛰어오르고 날치는 은비늘을 반짝이며 허공을 가른다. 심지어 나무도 하늘을 향해 두 팔을 벌리고 까치발을 딛는다.

인간도 타는 목마름으로 날갯짓을 꿈꾼다. 어깻죽지가 늘 가려워 피나게 긁는다. 하지만 깃털은 아무리 기다려도 움을 틔우지 않는다. 손 때문이다. 그렇다고 인간의 손은 새처럼 날개로 변하지 않는다. 대신 인간은 도구를 사용한다.

한때 라인 강 유역에 거주하던 고대 켈트 족은 막대를 짚고 개천을 뛰어넘으며 비상(飛翔)을 꿈꿨다. 러시아 농민들은 쇠스랑을 장대삼아 2m가 넘는 건초 더미를 뛰어오르는 놀이를 즐겼다. 영국에서는 긴 나무 장대를 이용해 돌담을 뛰어넘고 아일랜드에서는 장대를 짚고 개울을 뛰어넘었다.

중국인들은 한술 더 떴다. 손오공을 내세워 시간과 공간을 자유자재로 주름잡았다. 손오공은 여의봉을 사용해 산과 산을 훌쩍 뛰어넘고 과거와 현재를 가로질렀다. 그래서 원숭이는 중국인들에게 '보다 높이, 보다 멀리' 뛰는 영물로 통한다. 원숭이해가 되면 중국의 산부인과 병원마다 꽉꽉 차는 것도 다 그런 이유다.

장대높이뛰기에는 날갯짓을 향한 인간의 욕망이 담겨 있다. 수평 운동에너지가 두둥실 한순간에 수직 운동에너지로 바뀌며 한 마리 새가 된다. 인간은 그 순간 자유와 해방을 느낀다. 몸이 허공에 떠오르는 순간은 무아지경이다. '중력의 법칙'에 반항하는, 저 가슴 속 끓는 피의 간지러움. 그래서 막 허공을 향해 뛰어오르려는 장대높이뛰기 선수의 자세는 먹이를 막 잡아채려는 독수리의 모습과 같다.

오직 두둥실 떠오르려는 생각뿐, 잡념이 전혀 없다. 몸의 균형도 완벽하고 에너지의 낭비가 하나도 없다. 미학적으로도 너무 아름다워 슬프기까지 하다. 이 세상에 수평 에너지를 단박에, 거의 직각으로 수직 에너지로 바꾸는 생물은 지구상에 오직 높이뛰기 선수뿐이다. 그 수많은 종류의 새들도 한순간에, 직각으로 공중에 떠오르는 새는 없다. 대부분 비행기처럼 사선을 그으며 비상한다. 제이콥 브로노우스키(Jacob Bronowski)는 말한다.

"도약의 자세를 취하고 있는 장대높이뛰기 선수는 인간 능력의 집결체이다. 손의 움켜짐, 발의 구부림, 그리고 어깨와 골반의 근육, 화살을 날리는 활시위처럼 에너지를 저장했다가 방출하는 장대 등 그 복합적인 행동의 두드러진 특징은 선견력(先見力)이다. 다시 말해 앞으로의 목표를 세워놓고 자기의 관심을 거기에다 집중시키는 능력이다. 장대의 한끝에서 다른 끝에 이르는 그의 행동과 뛰는 순간의 정신집중 같은 것들은 계속적인 계획의 수행이며 그것이 바로 인간의 낙인이 되는 것이다."

_ 제이콥 브로노우스키, 『인간 등정의 발자취』 중에서

장대는 선승들의 화두나 같다. 화두는 깨달음으로 가는 방편이다. 오직 화두에 매달리다 보면 저절로 망상과 잡념이 사라진다. 그러나 그 화두조차 털어내지 않으면 깨달음의 길은 멀다. 화두도 하나의 집착이다. 배를 타고 강을 건너면 이젠 배를 버려야 한다.

장대도 하늘로 가는 '화두'다. 허공에 두둥실 떠올라 정점에 이르기까지는 장대에 의지하지만 그 이후부터는 장대를 버려야 한다. 장대에 너무 매달리면 다시 중력의 힘에 이끌려 지상으로 떨어진다. 그뿐만이 아니다. 장대에 너무 집착하다 보면 장대가 창이 되어 자신을 찌른다. 어느 순간 때가 되면 장대는 과감하게 버려야 한다.

2000년 일본 미야지마현에서 열린 일본 선수권대회 장대높이뛰기 남자부 경기에서 야쓰다 다토루(당시 25세)는 장대에 통침을 맞았다. 5m 40cm 세 번째 도전에서 무사히 바를 넘었지만 떨어지다가 그만 장대에 항문과 직장을 찔린 것이다. 야쓰다는 이 사고로 유니폼은 물론 장대 끝과 안전용 매트까지 흥건하게 피를 흘렸다. 결국 수술까지 받고 한 달이

장대도 하늘로 가는 '화두'다. 허공에 두둥실 떠올라 정점에 이르기까지는 장대에 의지하지만 그 이후부터는 장대를 버려야 한다. 장대에 너무 매달리면 다시 중력의 힘에 이끌려 지상으로 떨어진다. 그뿐만이 아니다. 장대에 너무 집착하다 보면 장대가 창이 되어 자신을 찌른다.

넘게 병원 신세를 져야만 했다. 다행이라면 5m 40cm를 넘은 기록이 인정돼 2위에 입상한 것이다.

장대는 힘을 싣는 데에만 쓰이는 게 아니다. 몸의 균형을 잡는 데도 쓰인다. 망상이 뭉게구름처럼 피어오를 때 화두가 그것들에 휘둘리지 않게 중심을 잡아주듯 장대는 몸이 체조 선수처럼 균형 있게 떠오르도록 지지해 준다.

2001년 중국의 한 위구르 족 청년은 중국 후난성(湖南省) 헝산(衡山)에 위치한 해발 1200m와 1290m 높이의 두 봉우리 사이를 오직 장대 하나만을 의지해 건넜다. 두 봉우리 사이를 연결한 1400m의 외줄 위를 장대(12kg)로 몸의 중심을 잡으며 52분 만에 건넌 것이다. 놀랍게도 그 청년은 단 하나의 보호 장구나 안전벨트도 없었으며 가시거리는 안개 탓에 불과 3m에 지나지 않았다.

화두는 그것이 무엇이든 상관없다. 그 유명한 조주 스님의 '무(無)'자 화두이든, '이 뭣꼬(是甚麽)'나 '차나 마셔라(喫茶去)'이든, 아니면 '뜰 앞 잣나무(庭前栢樹子)'나 심지어 '마른 똥 막대기(乾屎橛)'이든 뭐든지 좋다. 그래서 선승들의 화두는 무려 1700개나 된다.

장대도 길이나 직경의 제한이 없다. 소재도 어느 것이든 좋으며 무게도 아무런 제한을 두지 않는다. 길이는 보통 남자 기준으로 5.7~6.15m를 쓰며 가벼운 것일수록, 탄력이 좋을수록 좋다. 선수 개인의 신체 조건이나 체중, 신장, 스피드에 맞춰 장대를 고르면 된다. 선수가 장대를 잡는 위치는 장대 밑 끝부터 4.9m~5.1m 사이. 오른손잡이는 오른손을 위로 잡는다. 장대는 1개에 무려 100만 원이 넘는다.

남자 장대높이뛰기는 고대올림픽에서도 있었으며 1896년 부활된 근대

올림픽에서도 있었다. 여자 장대높이뛰기는 1999년 세비야 세계선수권 대회와 2000년 시드니 올림픽 때부터 채택됐다. 장대높이뛰기 기록은 어느 장대를 썼느냐에 따라 다르다. 탄력이 좋을수록 더 높이 뛸 수 있다. 1911년까지 골프채의 샤프트로 쓰였던 히커리(서양호두나무)나 옛날 우리 서당에서 회초리로 주로 쓰던 물푸레나무가 쓰였다. 하지만 그런 장대들은 탄력이 거의 없어 에너지 낭비가 많다. 그 당시 남자 세계신기록도 3m 55cm에 불과하다.

더구나 선수들은 장대가 거의 구부러지지 않는 점을 이용해 일단 점프를 해 몸을 떠올린 후 순간적으로 장대를 타듯 기어 올라가 바를 넘었다. 소위 '봉 타고 올라가기'가 성행한 것이다.

1904년 미국 세인트루이스 대회에 일본산 대나무 봉이 등장했다. 1912년에는 대나무 봉으로 4m 벽을 처음 넘었고 그 후 4m 77cm까지 뛰어 넘었다. 하지만 일본(대만)산 대나무 시대는 1945년 일본의 제2차 세계대전 패배와 함께 끝난다. 승전국 미국의 알루미늄 장대가 그 자리를 대신했다. 1957년에 장대를 땅에 박을 때 지탱해 주는 버팀쇠(박스)와 낙하하는 선수를 보호하기 위한 두꺼운 매트리스(그전까지는 모래바닥)가 등장했다. 알루미늄 장대는 1960년까지 사용됐으며 최고 기록은 4m 88cm. 1961년부터는 유리섬유나 탄소섬유가 쓰였다. 그리고 마침내 1994년 우크라이나의 세르게이 붑카가 꿈의 기록인 6m 14cm의 세계신기록을 달성했다.

유리섬유나 탄소섬유는 낚싯대처럼 끝부분만 휘어져 도약의 속도를 잘 전달하면서도 휘어짐이 커 몸을 더 튀어 오르게 한다. 또한 탄력이 좋아 봉의 위치를 더 높이 잡을 수 있고 많이 휘어지므로 많은 에너지를 축

선수	국가	실외	실내	년도
Sergey Bubka	우크라이나	6.14m	6.15m	1985
Rodion Gataullin	러시아	6.00m	6.02m	1989
Okkert Brits	남아프리카공화국	6.03m		1995
Igor Trandenkov	러시아	6.01m		1996
Tim Lobinger	독일	6.00m		1997
Maksim Trasov	러시아	6.05m	6.00m	1997
Dmitri Markov	오스트레일리아	6.05m		1998
Jeff Harwig	미국	6.03m	6.02m	1998
Jean Galfione	프랑스		6.00m	1999
Danny Ecker	독일		6.00m	2001
Timothy Mack	미국	6.01m		2004
Toby Stevenson	미국	6.00m		2004
Paul Burgess	오스트레일리아	6.00m		2005
Brad Walker	미국	6.04m		2006
Steven Hooker	오스트레일리아	6.00m	6.06m	2008
Yevgeniy Lukyanenko	러시아	6.01m		2008
Renaud Lavillenie	프랑스	6.01m		2009

장대높이뛰기에는 6m 클럽이 있다. 6m 이상을 뛰어 넘은 선수들을 일컫는 것이다. 2011년 1월 현재 모두 17명이다.

적할 수 있다. 바를 넘을 때 신체적 여유가 있어 동작을 탄력적으로 이용할 수 있다. 요즘 장대는 탄소 코팅 처리한 첨단 유리섬유로 만들어져 탄성과 내구력이 더 좋아져 90도 이상 구부러진다.

육상 종합 예술,
장대높이뛰기

장대높이뛰기는 육상의 종합 예술이다. 육상의 오페라나 같다. 단거리 선수의 스피드(도움닫기)가 필요한가 하면 높이뛰기 선수와 멀리뛰기 선수의 도약력(구르기)을 요구한다. 체조 선수와 같은 균형감(공중자세)이 필요하고 포환·해머·원반·창던지기와 같은 투척 선수의 마무리 자세(낙하)가 요구된다. 여기에 장대를 효과적이고 감각적으로 통제할 수 있는 조정력이 있어야 한다. 상하체가 고르게 발달하고 다리가 길고 강하며 팔이 긴 사람이 유리하다. 어깨 근육과 복부 근육이 발달해야 높이 뛸 수 있다. 체조 선수 출신 러시아 '미녀 새' 이신바예바(174cm 65kg) 복부에 임금 왕(王)자가 새겨진 것은 너무도 당연하다. 올림픽 출전 남자 선수의 평균 키와 몸무게가 182cm에 79.8kg(여자 선수는 169cm에 59.8kg)에 이르는 것도 다 그런 이유다. 또한 근력, 순발력, 민첩성, 평형성이 발달해야 하며 리듬 타이밍에 대한 감각이 뛰어나야 한다. 그래서 높이뛰기 선수에게 단거리, 체조, 철봉, 평행봉, 트램펄린, 로프 타기 연습은 필수다.

출발(도움닫기)

더 빨리 달릴수록 더 높이 뛰어 오를 수 있다. 도움닫기 스피드가 빠를수록 장대를 더 높은 데서 잡을 수 있고 장대를 높이 잡을수록 보다 큰 상승 에너지를 탈 수 있다. 깨달음을 얻으려면 용맹 정진해야 한다. 부처를 만나면 부처를 죽이고, 조사를 만나면 조사를 죽이고, 나한을 만나면 나한을 죽여야 한다.

힘차게 달려온 수평 운동에너지가 하나도 빠짐없이 장대에 모두 실리는 것은 아니다. 일부 운동에너지는 어쩔 수 없이 손실될 수밖에 없다. 봉을 폴 박스에 꽂을 때의 충격, 구름판에서 발이 지면에 가하는 힘, 장대가 휘어질 때 등 운동에너지의 일부는 사라진다. 체중과 장대 잡는 손잡이 높이, 스피드가 조화가 돼야 에너지 손실을 최소화할 수 있다.

세계 남자 톱클래스 선수들의 봉 잡는 높이는 4m 80cm 정도. 선수들은 최대한 속도와 거리를 늘리면서 최대 속도(시속 32~34km)에 도달하도록 속도를 낸다. 세계적인 선수들은 초속 7m 92cm~8m 22cm의 스피드로 달린다. 세계적인 단거리 선수들 속도(초속 10m 97cm~11m 27cm)에 비해 약 3m 정도 느리다. 5m 40cm 이상을 뛰어 넘는 남자 선수들은 통상 100m 10초 8 이내, 50m는 5.5~5.7초의 빠르기를 가지고 있다. 도움닫기 거리는 제한이 없지만 보통 40m는 넘어야 좋은 기록이 나온다. 선수의 개성과 능력에 따라 다르다. 주법은 무릎을 많이 올리고 탄력 있게 달리다가 마지막에는 발바닥 전체로 트랙을 밟고 보폭은 좁힌다.

장대 꽂기

화두는 바람이다. 잡았다고 생각한 순간 사라진다. 망상은 바람꽃이다. 틈만 나면 화두를 지운다. 수레가 나가지 않을 때 수레를 다그치면 안 된다. 소를 채찍질해야 한다.

장대는 폴 박스에 찍어야 한다. 폴 박스에 장대를 꽂지 않으면 아무리 높이 뛰어 넘어도 무효다. 화두를 놓치는 순간 깨달음의 길이 사라지듯, 장대를 폴 박스에 단단히 꽂지 않으면 한순간에 엉덩방아를 찧는다. 미국의 '미녀 새' 스테이시 드래길라는 "초심자들은 대부분 폴을 박스에 꽂는 순간 두려움에 질려서 자기 가슴을 찔러 버린다. 수많은 훈련이 필요하다."고 말했다.

전속력으로 달려온 수평 운동에너지는 폴 박스가 가까워지면서 자연스럽게 장대로 옮겨진다. 약간 끝이 치켜 올라간 장대는 점차 아래로 내려지면서 지상의 폴 박스를 향한다. 일단 장대가 수평이 되면 선수가 균형을 잃게 되고 속도가 초속 약 7.7m로 떨어진다. 폴 박스는 착지면 앞과 바걸이 사이에 있다. 장대지르기는 발구름 2보 전에 시작하고 발구름 1보 앞에서는 아래 손이 완전히 처져 있어야 한다. 발구름 지점은 지면과 바가 직삼각형을 이루는 위치에 있다.

발구름 및 도약

화두만 잡고 있으면 모두 부처가 되는가. 기왓장을 천년만년 돌에 갈면 거울이 되는가. 깨달음은 단박에 이루어진다. 깨달음의 길은 계단식이 아니다. 홀연히 도둑처럼 온다(頓悟). 밥 먹다가, 밭에서 일하다가, 똥 누다가 "아하, 그렇구나." 하고 무릎을 탁 친다.

날갯짓은 아픔이요, 숨 막히는 두려움이다. 아픔을 생각하고 두려움에 떨면 결코 허공에 떠오를 수 없다. 온몸으로 발구름 한 뒤 장대를 타고 단박에 두둥실 올라가야 한다. 장대높이뛰기 선수는 바닥에서 20도 각도로 오른다. 동시에 장대는 체중에 의해 구부러진다. 휘어진 장대의 복원력으로 날아오른다. 무릎을 가슴 쪽으로 끌어올리고 엉덩이도 따라 추켜올려 몸을 둥글게 만든다. 장대가 펴질 때 두 다리를 머리 위쪽으로 올린다. 폴이 펴질 때 몸도 재빠르게 펴 올린다. 몸을 끌어올리는 동작은 폴의 탄력과 신체의 반동으로 강하면서도 빠르게 해야 한다. 폴이 수

직으로 되기 전에 양다리를 머리로 올리되 양다리는 합쳐서 폴 가까이 놓이도록 한다. 폴이 탄력성이 있을 때 이를 이용해 몸을 두둥실 떠올린다. 폴을 잡은 손의 높이가 높을수록, 신장이 크고 체중이 많이 나가면 나갈수록, 폴의 속도는 느려진다.

비행(飛行)과 바 넘기

산꼭대기에 올라간 사람만이 그 기분을 안다. 올라가 보지 않고 산 밑에서 이러쿵저러쿵 얘기해 봐야 아무 소용 없다. 하지만 정상에 올랐다고 해서 다 끝난 것이 아니다. 정상은 반환점에 불과하다. 올라온 만큼 다시 내려가야 한다.

수평 운동에너지를 흡수한 장대의 유연성은 선수를 물구나무서기 동작으로 밀어낸다. 선수는 자신의 엉덩이와 다리를 돌고래처럼 나선형으로 용트림하며 뻗음으로써 거꾸로 선 동작을 강화한다. 한순간 두둥실 정상에 올라선다. 짜릿하다. 내친김에 등과 다리를 펴면서 공중물구나무서기를 한 몸통은 땅에 거의 수직이 된다. 장대가 원상으로 돌아올 때 팔로 장대를 밀어낸다. 물구나무선 동작에서 몸을 바깥쪽으로 틀면서 다리-허리-몸통 순으로 바를 넘는다. 바를 넘을 때는 롤 오버(모로 넘기)를 주로 한다.

착지

한번 깨달으면 그 경지는 죽을 때까지 영원히 계속되는가. 아니다. 잠시라도 쉬면 거울에 먼지가 쌓인다. 거울은 쉬지 않고 닦아줘야 빛이 난다(漸修). 큰스님들이 모든 것 훌훌 털고 무소유의 삶을 사는 이유다. 더 낮은 곳으로, 저잣거리로 내려가는 것이다.

　장대높이뛰기 선수가 한번 공중에 두둥실 몸을 떠올린 뒤 다시 지상에 떨어졌을 때 그는 이미 뛰어 오르기 전의 그가 아니다. 그는 새로 태어난 자이다. '거듭난' 자이다. 설령 그가 실패했을지라도 그는 날갯짓의 그 숨막히는 떨림을 맛본 사람이다.

　『칼의 노래』를 쓴 소설가 김훈은 고개를 끄덕인다. 장대높이뛰기 선수의 가장 빛나는 순간은 '추락의 순간'이라고.

　"장대높이뛰기 선수들은 지상의 한 점 위에 장대를 박고, 그 위에 거꾸로 선다. 그는 '높이'와 싸우는 자이다. 그가 지상의 한 점에 장대를 박을 때, 그는 수평으로 달려오던 속도의 힘을 수직의 상승으로 전환한다. 그는 수평의 힘으로 수직을 지향하는데, 이 전환은 그가 지상의 한 점 위에 존재의 근거를 확보함으로써 이루어진다. 그의 가장 빛나는 순간은 허공으로 솟구친 후 표적을 넘어서 다시 땅 위로 추락하는 순간이다. 존재의 전환은 전혀 이루어지지 않는다. 그는 땅과 물리적으로 연결된 장대에 의해서만 땅을 박차고 솟구칠 수 있고, 그렇게 솟구쳐 오른 허공에서 다시 땅 위로 떨어진다. 그는 날개가 없는 자의 운명을 돌파하지 못하지만, 그 운명 앞에서 무너지지도 않는다. 그는 땅의 속박을 딛고 솟아올라서 다시 땅의 속박 안으로 돌아온다. 그의 인간된 몸은 이 질곡의 운명 속에서 아름답다. 그것이 땅 위에서, 시간과 공간 속에서 삶을 받은 인간의 몸이다. …… 거꾸로 치솟는 장대높이뛰기 선수들의 몸을 보면서 내 몸 속에 숨은 수많은 척도들의 아우성 소리를 듣는다. 인간의 자유는 스포츠 엘리트가 아닌, 보통 사람들의 몸 안의 척도가 몸 밖의 척도를 무찔러 가는 과정을 따라서 전개될 것이다. 허공으로 치솟은 장대높이뛰기 선수는 아직도 세상의 척도가 되지 못하는 인간의 몸으로서 외로워 보인다."

인간, 새가 되어 날다

세계 최고의 '인간 새'는 누가 뭐라 해도 우크라이나의 세르게이 붑카(1963~)다. 그는 1994년 6m 14cm를 뛰어넘어 세계신기록을 세웠고 이 기록은 아직까지도 깨지지 않고 있다. 그는 1988년 서울 올림픽 때 소련 대표로 나와 5m 90cm로 금메달을 따냈고 세계신기록을 35번이나 경신했다(여자는 2008년 8월 현재 이신바예바의 22회이다. 실내 10회, 실외 12회). 또한 세계선수권대회도 6연패했다. 그는 6m나 될 정도로 긴 슈퍼 장대를 사용했다. 다른 선수들은 붑카와 같은 긴 장대를 쓸 엄두조차 내지 못했지만 붑카는 100m를 10초 초반에 달리는 빠른 스피드와 강한 어깨 그리고 복부 근육을 활용해 장대를 최대한 높이 잡을 수 있었다. 또한 다른 선수들보다 딱딱한 장대를 써서 힘을 거의 낭비하지 않고 장대에 실었다.

러시아의 옐레나 이신바예바는 여자 장대높이뛰기의 여왕이다. 이신바예바는 10년 동안이나 기계체조를 했다. 15세 때 170cm까지 자란 키 때문에 체조를 포기해야만 했다. 하지만 이로 인해 강한 복근과 어깨, 유연성, 균형감각을 얻었다.

장대높이뛰기는 에너지 보존 법칙이 적용된다. 선수의 수평 운동에너

'인간 새' 붑카와 이신바예바. "장대높이뛰기 선수들은 지상의 한 점 위에 장대를 박고, 그 위에 거꾸로 선다. 그는 '높이'와 싸우는 자이다. 거꾸로 치솟는 장대높이뛰기 선수들의 몸을 보면서 내 몸 속에 숨은 수많은 척도들의 아우성 소리를 듣는다." _ 김훈지가 장대에 고스란히 옮아간 뒤 다시 그 에너지는 선수의 도약 에너지로 바뀐다. 그러나 가장 중요한 것은 상상력이다. 단박에 두둥실 떠오르려는 의지력이다. 장대높이뛰기 선수는 상상력으로 두둥실 허공에 떠오른다. 상상력은 꿈이다. 꿈을 잃은 새는 날개가 사라진다.

키위 새는 이제 거의 날개가 없다. 펭귄의 날개는 지느러미로 변했다. 타조의 날개도 무늬만 남았다. 이승철 시인은 낮은 목소리로 속삭인다. "날자, 제발 날자."라고 말한다. "젊은 넋들이여, 사는 게 모래알 씹듯이 퍽퍽하고, 사는 게 진창일지라도 날갯짓을 하자."고 울먹인다.

어차피 이 세상에서 살아 탈출한 사람은 단 한 명도 없다. 그러나 꿈을 꾸면, 날갯짓을 하면 살아 탈출할 수 있다. 흔히 혼자 꾸면 꿈이지만 여럿이 꾸면 현실이 된다고 한다. 과연 그런가. 아니다. 꿈은 혼자 꿀 수밖에 없다. 그래서 꿈이다. 깨달음은 누가 대신 해줄 수 없다. 부처가 되는 것은 각자 자기 안에 있는 부처를 찾는 것이다.

새는 왜 나는가. 산악인들은 왜 산에 오르는가. 장대높이뛰기 선수는 왜 공중에 떠오르려 하는가. 왜 지상의 편안함을 버리고 자꾸 날갯짓을 하려 하는가. 구상 시인은 말한다. "앉은 자리가 꽃자리니라/네가 시방 가시방석처럼 여기는/너의 앉은 그 자리가/바로 꽃자리니라"라고. 그런데 왜 그 꽃자리를 박차고 나가려 하는가.

꽃이 피고 잎이 진다. 꽃과 잎은 둘이지만 그 뿌리는 원래 하나다. 뿌리는 꽃을 피워내 뿌듯하고 꽃은 씨앗을 맺어 뿌리를 만든다. 산은 산이고 물은 물이다. 그러나 산은 산이 아니고 물은 물이 아니라고 한번 의심하고 뒤집어 봐야 비로소 산은 산이고 물은 물이 된다. 두둥실 떠오르다가 추락해봐야 지금 내가 서 있는 이 땅이 '꽃자리'임을 안다. 에베레스트 정상에서 내려와 봐야 지금 내가 딛고 서 있는 땅이 가장 높은 곳임을 안다. 땅에서 넘어진 자 땅에서 일어나라. 정말 우습구나. 소를 타고, 소를 찾는 자여.

2부

한국 육상 만상
萬象

러너는 가슴 가득 꿈을 안고 뛰어야 한다.
호주머니 가득 채운 자는 진정한 러너가 아니다.
― 에밀 자토펙: 체코 마라토너

Chapter 01
화류회, 운동회 시대를 열다

한국 최초 근대식 운동회의 시작

조선 반도에 개화의 물결이 몰아치던 1896년 5월 2일. 이날 조선의 수도 한성에서는 '화류회(花柳會)'라는 이름의 낯선 운동회가 열리고 있었다. 예로부터 우리나라에는 '화류'라는 놀이가 있었다. 봄과 가을에 이웃마을 서당끼리 요즘 운동회에 해당하는 화류 놀이를 벌였다. 종목은 필드하키 격인 장(杖)치기, 줄다리기, 릴레이식 바가지 밟기 등이었다. 놀이에서 이긴 서당은 풍장을 치며 마을을 돌았는데, 집집마다 떡 상을 차려 이들을 융숭히 대접했다고 한다. 화류회는 이 화류 놀이의 이름을 따서 열린 우리나라 최초의 근대식 운동회였다.(이규태, 「추억의 공통분모 운동회」, 『한국인의 생활문화1』(신원문화사, 2000))

그리스 아테네에서 첫 근대올림픽(1896년 4월 6일)이 열린 지 불과 한 달이 채 지나지 않은 시점이었다. 첫 올림픽에서는 마라톤(40.2km)을 필두로 100m, 110m 장애물, 높이뛰기 등이 뜨거운 관심을 불러일으켜 육상이 올림픽의 꽃임을 여실히 보여줬다. 지구 저편 조선인들에게는 자신과 상관없는 남의 일로 여겨졌겠지만 말이다.

화창한 봄날, 동소문 밖 삼선평(지금의 서울 성북구 삼선교 인근) 들녘 대회장 입구와 너른 공터 둘레 곳곳에는 붉은 깃발이 바람에 나부끼고 있었다. 외국어학교 분교인 영어 학교 학생들의 소풍과 운동을 겸한 야외 놀이였지만 행사에 초청된 내빈과 삼삼오오 구경 나온 동네 사람들 수백여 명이 자리를 메워 적잖이 성황을 이루었다.(이날 첫 화류회 장면은 이규태(2000); 고두현, 『재미있는 육상경기 이야기』(2011 대구 세계 육상 선수권대회 조직위원회, 2008), 51쪽; 이학래, 『한국체육사연구』(국학자료원, 2003), 257~260쪽 등으로 구성한 것임.)

장내가 정돈되고 학생들의 집단체조가 시작되면서 대회의 막이 올랐다. 학교 교장격인 영국인 허치슨이 심판을, 같은 나라 출신인 핼리팩스가 기록을 담당했다. 영국 공사관 서기관인 윌리스는 행사 진행을 맡았다.

경주의 길이를 걸음걸이 수로 정한 300보, 600보 달리기를 필두로 공던지기, 대포알던지기(투포환)가 이어졌다. 멀리뛰기, 높이뛰기도 뒤를 이었다. 대부분 당시로서는 생소한 육상 종목이었지만 바야흐로 우리나라 육상의 씨앗이 뿌려지는 순간이었다.

던지기나 뜀뛰기 기록은 몇 자 몇 치로 측정했다. 특이한 것은 달리기 출발 신호였다. 우선 진행자는 검은 우산을 받쳐 들고 출전 선수들에게

봄과 가을에 이웃마을 서당끼리 벌였던 운동회인 화류 놀이를 되살려 1896년 영어 학교 학생들이 '화류회' 라는 운동회를 열었다. 대부분이 양반 자제들이라 구령도 존칭으로 했다.

"제자리에 서옵시오."라며 준비동작을 시킨다. 그런 다음 진행자가 우산을 아래로 잡아 내리면 선수들이 일제히 달려 나가는 식이었다. 선수 대부분이 양반 자제라 경어를 쓰지 않을 수 없어서였다.

12인조 동아줄 끌기가 진행됐고 이어 당나귀 20필을 타고 달리는 이색 종목이 등장했다. 첫 근대 운동회라고는 하나 여흥 색채가 짙은 대회였다. 그런데 경기에 나선 당나귀들이 가다 말다 하거나 뒤로 가기도 하는 등 목가적으로 경주에 임해 연신 관중들의 웃음을 자아냈다.

경기가 끝날 때마다 관중들의 갈채 속에 입상자들이 속속 호명되고 이들에 대한 시상이 이어졌다. 이윽고 해질녘, 운동과 놀이가 두루 섞인 첫 화류회는 다음을 기약하는 교사와 학생들의 즐거운 함성과 함께 막을 내렸다. 우리나라에서 처음으로 육상 경기를 선보였다는 사실을 아는지 모르는지 그렇게 말이다. 비록 한 학교 차원의 행사였지만 장안의 화제였던 만큼《독립신문》도 체력 배양을 강조하며 첫 운동회 소식을 전했다.

"영어 학교 교사와 학도들이 이달 이튿날 동소문 밖으로 화류를 갔다니 오래 학교 속에서 공부하다가 좋은 일기에 경치 좋은 데 가서 맑은 공기를 마시고 장부에 운동을 하는 것은 진실로 마땅한 일이니, 다만 마음과 지각만 배양할 것이 아니라 조선 사람들이 몸 배양 하는 것도 매우 소중한 일이니, 몸 배양 하는 데는 맑은 공기에 운동하는 것이 제일이요, 목욕을 자주하여 몸을 깨끗하게 하는 것이 제일이라."《독립신문》1896년 5월 5일.)

근대식 육상 경기가 등장한 영어 학교의 운동회는 구한말을 관통하는 일대 유행을 낳았다. 개화기 각종 학교가 만들어지면서 새롭게 등장한 유행은 바로 운동회였다. 첫 운동회가 끝나고 얼마 지나지 않은 1896년 5월 31일 훈련원(지금은 철거된 동대문운동장 자리)에서 관립학교 연합 운동회가 열렸다.

이 대회에는 장동·계동·정동·매동 소학교 학생 181명이 참가했다. 이듬해인 1897년 4월 2일 흥화문 밖 산위에서는 경성학당 창립 1주년 기념 운동회가 열렸다. 이날 대회에서는 300·600·1350보 경주와 대포알 던지기·공던지기·멀리뛰기·높이뛰기·당나귀달리기·줄다리기 등이 펼쳐졌다.

그런데 이즈음 초기 화류회의 종목 명칭은 대단히 시적이었다. 예를 들어 소년 단거리 종목을 제비가 나는 것을 배울 때라 해서 '연자학비(燕子學飛)', 청년 중거리는 '추안군상(秋雁群翔)'이라 해서 가을 기러기가 떼지어 날아가는 것에 비유했다. 또한 넓이뛰기(멀리뛰기)를 '비어섬랑(飛魚閃浪)'이라 해서 물고기가 물결 사이를 빠르게 뛰어오른 것에 비유하고, 높이뛰기는 큰 물고기가 높이 뛰어오른 것이라고 한 '대어발호(大魚跋扈)', 장대높이뛰기를 잠자리가 나부낀다는 뜻인 '청령번풍(蜻蛉翻風)'이라 했다.(이학래 외, 『한국체육사』(지식산업사, 1994년), 190쪽.)

같은 해 4월 27일에도 훈련원에서 관공립소학교 운동회가 있었다. 특히 이날 운동회에서는 애국가를 부르고 대회를 주도한 인사들은 조선 국기의 중요성, 자주독립 등을 역설했다.

"……오늘날 조선학교 학도들이 여기 모여 대운동회를 할 때 이 마당을 조선 국기로 단장을 하였으니 그걸 보거든 조선인민도 차차 국기가 무엇인지 알며 국가가 소중한 것을 아는지라 ……이렇게 학도들이 모여 운동회를 할 때에 국기를 모시고 하는 것은 조선인민들이 차차 조선도 남의 나라와 같이 세계에 자주 독립하는 것을 보이자는 뜻이라…….'(《독립신문》 1897년 4월 29일.)

첫 운동회를 개최한 영어 학교는 1897년 6월 16일 훈련원에서 대운동회를 열었다. 이날 대회는 정부 국무대신, 각국 외교관과 그들의 부인 등 내빈과 함께 관람객이 1000여 명에 달할 정도로 성황을 이루었다. 대회에서는 영국 공사관 서기관인 윌리스가 경기자를 심사하고 결정했다.

경기 종목은 300보 달음질(청년부, 소년부), 600·1350보 달음질, 공던지기, 대포알던지기, 멀리뛰기, 높이뛰기, 2인3각, 당나귀달리기, 줄다리기 등 총 12개 종목에 걸쳐 육상 경기와 여흥이 섞여 있었다. 달음질에 참가한 선수들은 하나같이 갓을 벗은 맨상투바람이었다.

각국 공사관 영사관의 외교관들과 그 부인들이 조선 군사의 호위를 받으며 가마를 타거나 직접 말을 몰고 입장했다. 개막 나팔 소리가 울리자 영어 학교 학생들은 총을 메고 행전(각반)을 찬 모습으로 손님들이 있는 대청까지 발맞춰 행진했다. 평소 학생들은 제식훈련을 받고 있었다. 경기는 학생 대표가 큰 소리로 중앙대청의 손님들에게 개시를 알리면서 시작됐다. 학생들은 경기를 진행하는 윌리스나 심판들과 영어로 자유롭게 의사소통을 했다.

내빈들을 위한 경주도 마련됐다. 2인3각, 12명이 한 편이 된 '동아줄 당기기(줄다리기)' 등이었다. 이날 운동회 마지막 하이라이트는 '당나귀 타고 달리기'였다. 이 경주에는 나귀 20필이 동원됐는데 한꺼번에 달리기 시작하자 연병장에 먼지가 자욱했다.

　시상은 영국 총영사 부인 손죠가 맡았다. 수상자들은 장갑을 낀 손죠의 손을 가볍게 잡고 난 뒤 상품을 받았다. 매 경기 1, 2, 3등 입상자들에게 전해진 부상은 중국 상하이에서 사온 은 회중시계, 시곗줄, 장갑, 은병, 주머니칼, 명함 갑 등 값비싼 외국 제품들이었다. 대회를 주최한 영어 학교와 영국공사관의 외국인들, 이들과 친분이 있던 조선인 개화파 인사들이 300원이나 되는 돈을 추렴해 상하이까지 가서 사온 것이었다.

　이날 대회장에는 태극기가 휘날렸다. 행사가 끝나자 참가자들은 일제히 고종 황제를 위해 만세삼창을 불렀다.

　'이달 십육 일 오후 네 시 반에 영어 학교 학생들이 훈련원 안에서 대운동회를 열었는데 …… 문과 대청 앞은 조선, 영국, 미국 국기들로 모양 있게 단장하고 …… 총을 멘 학생들이 연병장에서 행진이 있은 후 경기가 전개되었는데 …… 청한 손님들과 그 외 천여 명 구경한 사람들이 해진 후에 돌아가는데 사람마다 영어 학교를 칭송하고 …… 학생들이 대군주 폐하를 위하여 만세를 부르고 학교 선생들과 온 손님들을 위하야 갓들을 벗고 천세를 부르더라.'(《독립신문》 1897년 6월 19일.)

　우리나라 최초의 완벽한 운동회로 꼽히는 이날 대회는 많은 관중들에게 근대적 스포츠의 가치를 깊이 인식하게 했다. 운동회 시대를 본격적으로 예고하는 첫 대회였으며, 제 틀을 갖춘 최초의 육상 경기 대회라고 할 수 있다.

　영어 학교는 1895년에 공포된 근대적 교육령에 의해 설치된 학교다.

서구적 근대 교육제도를 벤치마킹하려는 첫 실험장이었다고 할 수 있다. 학생들은 근대적 군사훈련도 받았다. 그 근본은 바로 충군애국이었다. 1896년 5월 25일, 이들은 러시아공사관 마당에서 고종 황제가 친히 지켜보는 가운데 군사훈련을 시범 보이기도 했다. 영국인 해군장교가 학생들을 조련했고, 황제는 그 영국 장교를 친견하여 상을 내려 격려했다. 한 마디로 외국어 학교 학생들은 국가가 키우는 미래 공무원이자 황제의 근위대였던 것이다.

1898년 5월 28일에는 관립외국어학교 6개 분교 연합 대운동회가 훈련원에서 열려 개별 학교 단위 운동회가 학교 간 연합 운동회로 진일보했다. 대한제국 중앙정부의 대신, 협판, 국장 등 관료들이 이 대회에 모두 찬조금을 냈다. 훈련원 대청 동북 3면은 각국 국기로 단장하고 중앙에 태극기를 높이 세웠으며 그 양쪽으로 참가 학교의 교기를 세웠다. 참가 학교별로 복색도 달랐다. 일어 학교는 청색, 영어 학교는 홍색, 러시아어 학교는 녹색, 한성사범학교는 자주색, 프랑스어 학교는 황색, 중국어 학교는 주황색 띠를 사용했다. 이날 동대문과 훈련원 주변에는 구경꾼이 구름처럼 몰려들었고, 참관자가 무려 수만 명에 달했다고 한다.(《독립신문》 1898년 5월 31일.) 이날 입상자들에게는 책상, 수첩, 자명종, 주머니칼, 연필 등과 함께 지궐련, 담배 파이프가 수여돼 눈길을 끌었다.

여기에서 채택된 육상 경기 종목은 100보·220보·440보 경주, 포환던지기·멀리뛰기·높이뛰기 등에 씨름이 포함됐다. 당시 세계 각국의 운동 경기가 100마(碼·yard=91.44cm), 220마, 440마 등의 종목을 정식으로 행하고 있던 터라 이 대회에서도 마제(碼制)가 채택된 것으로 추측된다.

을사늑약(1905년) 이전의 학교 운동회 개최 현황

개최 시기	장소	주최	전거
1896. 5. 2	삼선평	영어학교	독립신문 1896. 5. 5
1896. 5. 31	삼선평	관공립소학교	독립신문 1896. 5. 30
1896. 6. 23	러시아공사관	러시아공사관	독립신문 1896. 6. 25
1897. 4. 11	흥화문 밖 언덕	경성학당	독립신문 1897. 4. 13
1897. 4. 27	훈련원	관공립소학교	독립신문 1897. 4. 29
1897. 6. 16	〃	영어학교	독립신문 1897. 6. 19
1898. 5. 28	〃	관립외국어학교	독립신문 1898. 5. 31
1898. 5. 31	〃	관공립소학교	독립신문 1898. 6. 2
1899. 4. 21	〃	관사립소학교	황성신문 1899. 4. 21
1899. 4. 29	〃	외국어학교	황성신문 1899. 4. 26
1899. 5. 10	〃	무관학교	황성신문 1899. 4. 26
1905. 3. 22(음)	홍제원	해주정토종교회학교	황성신문 1905. 5. 29

출처: 이학래, 『한국체육사연구』, 258쪽.

같은 해 5월 31일 관공립소학교도 훈련원에서 연합 운동회를 열었다. 운동회 수익금은 빈민 구호에 썼고, 종목은 100·200보, 2인3각, 높이뛰기, 방울맞히기 등으로 이전 운동회에 비해 여흥 종목이 거의 사라진 게 특징이다.(《독립신문》 1898년 6월 2일.) 당시의 육상 경기는 체조와 함께 가장 초기에 보급됐다. 물론 시설이나 규칙이 제대로 마련되지 않은 채 친선경기 성격이 강했다. 하지만 우리나라 전통적 민속 경기와 접목돼 실시되면서 구기 등 다른 종목보다 먼저 스포츠 대중화의 계기를 마련했다.

말썽 많았던 초기 육상

도입 초기 육상 경기는 유교적 전통과 부딪혀 특히 1350보 경주와 같은 장거리 경주에서 문제가 발생했다. 외국인 교사들은 트랙을 왼쪽(시계방향)으로 돌아야 한다는 원칙을 강조했다. 하지만 전통적으로 오른쪽을 숭상하고 왼쪽을 천대하는 관념에 젖어 있던 대다수 양반 출신 학생들이 반발하고 나섰다. 결국 교사들은 트랙을 오른쪽으로 돌게 할 수밖에 없었다. 경기 진행도 엉망이었다. 트랙을 몇 바퀴 도는 장거리 경주에서 여전히 한 바퀴 남은 꼴찌 선수에게 1착의 깃발을 줘 편싸움이 벌어진 일도 있었다.

여학생들의 육상 경기는 더욱 큰 사회적 파문을 일으켰다. 당시 여자들은 자신의 발바닥 길이 이상 보폭을 두면 안 되는 것이 법도였다. 그런 판인데 여학생들이 다리를 쩍쩍 벌리며 달리다니! 더군다나 달리다가 치마가 흘러내려 고쟁이가 노출되는 경우도 있었다.

전국에서 상소문이 빗발쳤다. '말세의 패속(敗俗)'이라는 내용은 약과였다. 그중에는 '양귀(洋鬼)들이 양가의 규수들을 데려다 치마를 벗겨본다.'고 개탄하는 상소문까지 있었다.(이학래, 앞의 글, 263쪽.)

한편 초창기 창던지기는 운동장이 좁았던 탓인지 누가 멀리 던지느냐가 아니라 누가 보다 높이 던지느냐로 겨루었다. 그래서 창을 던지면 많은 심판원들이 높이를 눈으로 측정하기 위해 한데 모여 있다가 창이 떨어지면 이리저리 도망치고는 했다. 그러다 미처 피하지 못해 창에 찔려 죽는 불상사까지 있었다고 한다.(이학래, 앞의 글, 263쪽.)

'화류회' 당시 창던지기는 '누가 더 멀리'가 아닌 '누가 더 높이'로 겨루었다. 심판들이 눈으로 높이를 측정하느라 한데 모여 있다가 창이 떨어지면 이리저리 도망쳤다. 미처 피하지 못하는 불상사도 생기곤 했다.

Chapter 02
민족 **영웅 손기정** 스토리

마라톤
민족 영웅 손기정

1945년 광복 후 손기정 선생(1912~2002)은 묵묵히 마라톤 후진 양성에만 매달렸다. 정치 쪽에서 유혹이 많았지만 거들떠보지도 않았다. 전국의 꿈나무 20여 명을 뽑아 서울 안암동 자신의 집에서 밥을 먹여 가며 훈련을 시켰다. 훈련은 매일 새벽 장독대의 태극기 아래에서 애국가를 부르는 것으로 시작됐다. 수시로 김구 선생, 이범석 장군 등을 모셔다가 민족정신을 북돋는 강연을 듣기도 했다.

 제자 서윤복(1923~)은 "손 선생님이 우리 합숙 비용을 마련하기 위해 여기저기 뛰어다니던 모습이 눈에 선하다. 손 선생님은 우리들에게 쌀밥을 실컷 먹을 수 있도록 해줬기 때문에 너도나도 서로 들어가려고 했다."

고 말했다.

　1947년 서윤복이 보스턴 마라톤에서 2시간 25분 39초의 세계최고기록으로 우승했다. 손 선생이 1935년 11월 도쿄에서 세운 세계최고기록(2시간 26분 42초)을 제자 서윤복이 경신한 것이다. 이 기록은 1952년 6월 영국의 제임스 피터스에 의해 깨졌지만 결과적으로 한국인 스승과 제자가 17년 동안 세계최고기록을 보유하고 있던 셈이다.

　1950년 보스턴 마라톤에서는 역시 손 선생이 길러낸 함기용, 송길윤, 최윤칠이 1, 2, 3위를 휩쓸었다. 1952년 헬싱키 올림픽에서 최윤칠이 4위, 1956년 멜버른 올림픽에서는 이창훈이 4위를 기록했다. 모두 손 선생의 작품이었다.

　손 선생과 황영조는 체격이나 성격에서 닮은꼴이다. 손 선생과 황영조는 가슴이 두꺼운데다 마라토너로서 이상적인 체격(167cm, 55kg)을 타고 났다. 발목도 가늘고 얼굴도 직사각형 모습이나. 두 사람은 성격도 활달하다. 손 선생은 농담도 잘하고 황영조는 방송 해설을 할 정도로 어디에 가나 화제를 뿌린다.

　하지만 손 선생이 피눈물 나는 노력을 하지 않았다면 베를린 올림픽 마라톤 우승은 불가능했을 것이다. 다리에 모래주머니를 매달고 달리는가 하면, 베를린 올림픽 선수촌에서 새벽에 남몰래 일어나 별도 훈련을 했다. 조금이라도 더 빨리 달리기 위해 신발 바닥을 깎아내기도 하고, 가위로 러닝셔츠를 도려내고, 팬티를 잘라내기도 했다.

　손 선생은 달리고 또 달렸다. 학교에 오갈 때뿐만 아니라 압록강변의 둑, 모랫벌 등 아무 곳이건 가리지 않았다. 그의 단벌옷은 늘 땀으로 절어 냄새가 코를 찔렀다. 어머니는 아들이 달리기보다는 공부에 매진하기를 바랐다. 그래서 아들에게 일부러 잘 벗겨지는 여자 고무신을 신게 했다. 하지만 손기정 선생은 여자 고무신 위를 새끼줄로 묶어 벗겨지지 않도록 하고 달렸다. 새끼줄에 쓸려서 발목에 피가 나는데도 달리기를 그만두려 하지 않았다. 손기정 선생은 "내가 달리기를 하게 된 것은 돈이 한 푼도 안 들기 때문이었어. 만약 스케이트를 살 수만 있었다면 스케이팅 선수가 됐을 거야."라고 말했다. 집이 너무 가난해서 스케이트를 하고 싶었지만 돈이 안 드는 달리기를 할 수밖에 없었던 것이다.

손 선생은 늘 배가 고팠다. 그럴 때는 냉수로 배를 채우고 달렸다. 어느 때는 배가 너무 고파 도저히 달릴 수조차 없었던 적도 있었다. 생전에 손 선생은 "난 배만 부르면 반드시 1등을 했어. 그 당시 밥만 충분히 먹고 달렸다면 기록이 더 좋았을 거야. 그런데 요즘 후배들은 거꾸로야. 조금만 배가 부르면 달리지 않으려고 한단 말이야. 1등 해본 사람도 다시 처음으로 돌아가야 1등을 할 수 있는 법인데……."라며 탄식했다.

손 선생이 태극기를 난생 처음 본 것은 베를린 올림픽에서 우승한 바로 직후였다. 당시 두부 공장을 하며 베를린에 살던 안중근 선생의 사촌 동생 안봉근이 손 선생과 3위를 차지한 남승룡 선생(1912~2001)을 은밀히 집으로 부른 것이다. 안봉근은 그들을 다짜고짜 서재로 데려가더니 "이것이 태극기다. 우리 조국의 국기다."라며 벽에 걸린 '아름다운 무늬'를 가리켰다. 손 선생은 "그때 뜨거운 피가 끓어오르며 한순간 숨이 멎는 것 같았다."고 말했다. 그 말할 수 없는 감격에 온몸이 감전됐고 우리 민족은 저 태극기처럼 면면히 살아 결코 죽지 않을 것이라고 굳게 믿었다는 것이다.

1932년 손 선생은 신의주에 있는 동익상회 점원으로 일하며 하루도 빠짐없이 압록강변을 달렸다. 그러다 그해 봄 제2회 동아마라톤에 참가하기 위해 서울에 올라왔다. 숙소는 동익상회 주인인 공정규 씨의 배려로 마침 그의 저택이 있는 광화문 부근에 잡았다. 공정규 씨는 공안과 원장과 한글 타이프라이터 발명가로 유명한 공병우 박사의 부친이다. 당시 대회는 광화문 동아일보사 앞을 출발해 영등포를 돌아오는 14.5마일(약 23.6km) 코스에서 펼쳐졌다.

대회 하루 전, 손 선생은 혼자 코스 답사에 나섰다가 그만 길을 잃었다. 마포와 영등포를 잘 구분하지 못해 끝내 반환점이 어디인지 찾지도 못한 채, 밤늦게 간신히 공 박사 댁에 돌아올 수 있었다. 결국 그것이 문제가 됐다. 대회가 열린 3월 21일, 손 선생은 삼각지까지 기세 좋게 선두로 달렸다. 그러나 막상 삼각지에 이르자 그곳 여러 갈래 길 중에서 도무지 어디로 가야 할지 알 수가 없었다. 엉거주춤 제자리에서 망설이는 사이 뒤따라온 변용환이 앞서나갔다. 노리 없이 그를 따를 수밖에 없었다.

결국 손 선생은 영등포 반환점까지 그렇게 변용환 선수를 앞세우고 갔다. 변용환 1시간 21분 54초로 대회 최고기록 우승. 손기정 1시간 25분 25초 준우승. 그러나 손 선생은 그 이듬해 제3회 동아마라톤(광화문~청량리~망우리~광화문 15마일)에서는 1시간 24분 03초로 당시 1인자 유해붕을 27초 차로 제치고 우승을 차지했다.

손기정은 1912년 음력 8월 29일 한반도의 서북쪽 끝, 옛 만주에 접해 있는 신의주에서 아버지 손인석(1875~1935)과 어머니 김복녀(?~1941) 사이의 3남 1녀 중 막내로 태어났다. 그의 아버지는 잡화점을 운영했지만 보잘것없었다. 어머니가 머리에 일용 잡화를 이고 행상을 해야만 겨우 먹고살 수 있었다.

어린 손기정도 방과 후에는 참외, 옥수수 행상을 하거나 겨울에는 군밤을 구워 팔며 약죽보통학교 수업료(50전)와 학용품 값을 벌었다. 심지어 손기정이 털실을 사다가 직접 장갑, 양말 등을 뜨개질해 팔기도 했다. 한때 일본에 건너가 날품팔이로 살아보기도 했다.

손기정은 1932년 제2회 동아마라톤 2위 입상을 계기로 그해 봄 스무 살의 나이에 육상 명문 서울의 양정고보(현 양정고)에 입학할 수 있었다. 이후부터 손기정은 그의 타고난 달리기 재능을 마음껏 꽃피웠다. 양정고보 4학년 때인 1935년 3월 도쿄 메이지신궁대회에서 2시간 26분 14초로 비공인 세계최고기록을 세우더니 곧이어 4월 조선육상경기대회에서는 2시간 25분 14초의 비공인 세계최고기록으로 우승했다. 결국 11월 도쿄에서 열렸던 제8회 메이지신궁대회에서 2시간 26분 42초의 공인 세계최고기록으로 우승해 세계를 깜짝 놀라게 했다. 손기정은 "이때는 달렸다 하면 세계최고기록을 세웠다."며 "그 누구도 겁나지 않았다."고 말했다.

손기정은 1936년 10월 8일 프로펠러기를 타고 금의환향했지만 환영 행사는 일절 금지됐다. 조선총독부는 서울 여의도 비행장 출입구를 봉쇄하고 군중들과의 접촉을 막았다. 또한 양정고보 졸업반이었던 그에게 더 이상 학교에 안 가도 졸업을 시켜주겠다며 학교에 나가지 말라고 했다. 조선체육회의 '손기정 마라톤 제패 기념 체육관 건립 모금 운동'도 중지됐다.

손기정 뒤에는 늘 사복형사가 따라 붙었다. 손기정은 숨이 막혀 더 이상 살 수가 없었다. 손기정은 마침내 '우승 같은 것을 다시는 하고 싶지 않다. 이제 다시는 마라톤을 하지 않겠다.'고 결심했다.

손기정은 1937년 3월 양정고보를 졸업하고 보성전문(普成專門·현 고려대) 상과에 입학(1937년)했지만 형사들의 감시가 계속되자 1937년 1학년 2학기 때 자퇴를 하고 '다시는 육상을 하지 않는다.'는 조건으로 일본 메이지대학에 들어갔다.

손기정은 1997년부터 바깥출입이 자유스럽지 못했다. 왼쪽 다리의 동맥경화증 때문에 지팡이에 의지하고도 100m를 20분이나 걸려서 갈 정도였다. 기자가 찾아가면 "밖에 나가 만나고 싶은 사람도 많고 얘기하고 싶은 것도 많은데 이렇게 꼼짝을 못하니……."라며 바깥세상 소식을 물었다. "너무 걱정하지 마. 이렇게 살다가 가는 거지. 그나저나 마라톤보다 인생 마라톤이 훨씬 힘든 것 같아."라며 말년의 외로움을 털어놓기도 했다.

손기정은 가정적으로 불행했다. 1939년 단거리 육상 선수였던 평양 출신 강복신(姜福信)과 결혼했지만 그녀는 1944년 간염으로 세상을 떠났다. 1935년 60세의 나이에 타계한 아버지와 1941년 심상마비로 세상을 떠난 어머니의 임종도 지킬 수 없었다.

"고향 신의주에 가서 냉면이나 한 그릇 먹어봤으면 원이 없겠어. 사람들이 잘 몰라서 그렇지 평양냉면이나 함흥냉면은 근처에도 못 간다고. 개장국은 또 어떻고……. 내가 그 힘으로 뛰었어."

손기정은 늘 북녘 고향을 그리워했다. 그러나 가고 싶어도 갈 수가 없었다. 말년의 손기정은 "통일원에 방북 신청을 해도 허락이 떨어지지 않는다."고 말하고는 했다. 아무래도 북측에서 자신의 고향 방문을 달가워하지 않는 것 같다는 것. 1946년 평안북도체육회 창립 당시 북측은 그에게 끈질기게 참가를 요구했지만 손기정은 이를 뿌리치고 서울로 탈출해 버렸다. 아마 이것이 괘씸죄에 걸렸을 것이다. 손기정은 "1936년 일장기를 가슴에 달고 베를린 올림픽 마라톤에서 우승한 것도 그들 눈에 곱게 보일 리 없었을 것"이라고도 말했다.

 손기정은 그렇게 그리워하던 고향 땅을 끝내 밟지 못하고 2002년 11월 15일 0시 40분 서울삼성병원에서 폐렴으로 인한 호흡부전으로 눈을 감았다. 향년 90세. 그의 유해는 대전국립묘지에 안장됐다. 유족으로는 딸 문영(文英·1940~)과 아들 정인(正寅·1943~) 1남 1녀. 정인 씨는 일본의 한국인 단체인 재일거류민단에서 일하고 있다.

일장기
말소 사건

 손기정 선생이 베를린 올림픽에서 우승한 16일 후인 1936년 8월 25일 《동아일보》의 '일장기 말소 사건'이 터졌다. 손기정의 우승은 당시 일제 식민지였던 한반도 땅을 열광의 도가니로 몰아넣었다. 거의 한 달 내내 전국이 '기쁨의 눈물바다'였다. 하지만 조선 사람이면 누구나 손기정의 가슴에 달린 일장기를 지우고 싶어 했다.

 《동아일보》는 베를린 올림픽 마라톤 시상식 사진에서 손기정 가슴의 일장기를 지워버리고 내보내 한국인들의 아픔과 분노를 표시했다. 이 사건으로 《동아일보》 체육 기자 이길용, 사회부장 현진건 등이 투옥됐다. 《동아일보》는 조선총독부로부터 무기정간 처분을 받았다.

 배편으로 귀국하다 싱가포르에서 이 사건 전말을 전해들은 손기정은 "나의 심경을 대변해 준 《동아일보》에 감사한다. 고초를 겪고 있는 기자

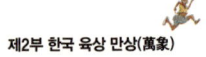

들을 생각하니 가슴이 아프다."고 말했다.

해방 후 《동아일보》에 복직된 이길용은 "운동 기자 생활 16년! 이처럼 흥분되고 기꺼운 때가 또 언제 있었으랴. 이러던 나는 이 나라의 아들인 손 선수를 왜놈에게 빼앗기는 것 같은 느낌이, 그 유니폼 일장 마크에서 엄숙하게도 충격을 받았다."고 말했다.

그는 "동아지(東亞紙)의 일장기 말살이란 항다반(恒茶飯)으로 부지기수다. 사내의 사시(社是)라고 할까, 전통이라고 할까, 방침이 일장기를 되도록은 아니 실었다. 우리는 도무지 싣지 않을 속셈이었던 것이다."라며 그 당시 꼿꼿했던 《동아일보》 사내 분위기를 말했다.

그 한국인 대학생의 질주

"그 한국 대학생은 세계의 건각들을 가볍게 물리쳤습니다. 그 한국인은 마라톤 구간 내내 아시아의 힘과 에너지로 뛰었습니다. 타는 듯한 태양을 뚫고, 거리의 딱딱한 돌 위를 지나 뛰었습니다. 이제 그가 엄청난 막판 스퍼트로 질주하며 들어오고 있습니다. 트랙의 마지막 직선주로를 달리고 있습니다. 1936년 올림픽 우승자 '손'이 막 결승선을 통과하고 있습니다."

1936년 8월 9일 손 선생은 당시 베를린 올림픽조직위원회로부터 '일본인'이 아닌 '한국인'으로 공식 지칭됐다.

독일역사박물관의 독일방송 기록보관실 자료에 따르면 당시 베를린

강력한 우승후보였던 아르헨티나의 자바라를 물리치고 베를린 올림픽 마라톤에서 우승한 고 손기정. 일장기를 달고 출전했지만 팬들에게 사인할 때나 자신을 소개할 때나 언제나 코리언 '손기정'으로서 긍지를 잃지 않았다.

올림픽 경기장에서 12만 관중을 상대로 한 남자 마라톤 생중계 내용 중 결승선에 골인하는 손 선생을 '한국 대학생(실제로는 양정고 5학년)', '한국인'으로 표현한 것이다.

"다섯 그룹 중 일본 팀은 첫 번째 그룹에 있습니다. 그들은 이번 올림픽을 위해 특별히 선발되었고 한번도 올림픽에서 뛰어보지 않은 신예들로 이름은 남, 시오아쿠(塩握), 손입니다. 일본팀 감독의 말로는 '손'을 이기려면 태양이 작열하든, 비가 오든, 자갈밭이든, 풀밭이든 초인적으로 뛸 수 있어야 한답니다. '손'이 결국 우승할 것이라는 말입니다."

강력한 우승후보이던 자바라(Juan Carlos Zabala. 외래어 표기법에 따르면 '사발라'이지만 당시부터 '자바라'라는 표현이 굳어졌다.)는 반환점을 1시간 11분 9초로 가장 먼저 돌았고 2위 그룹인 손기정과 영국의 하퍼는 그보다 1분 10초 늦었다. 하지만 초반에 오버페이스한 자바라는 점점 발이 느려졌다. 손기정은 아푸스 아우토반에서 하펠 호숫가 코스로 접어드는 29km 지점에서 자바라를 제치고 선두에 나서 결승선까지 단 한번도 뒤돌아보지 않고 단독 질주했다.

"자바라가 속도가 느려지고 불안정해집니다. 급기야 자바라의 반짝이는 옷 색깔이 선두진영에서 사라집니다. 이번 마라톤의 유망주였던 카를로스 자바라는 우리 눈으로 보기에 이제 선두에서 200m 뒤처져 있습니다."

결승선을 200m쯤 앞두고 질주하는 손 선생 모습에 아나운서는 "막판 엄청난 스퍼트로 질주했다."며 혀를 내둘렀다.

1936년 베를린 올림픽 마라톤 코스는 거의 평지이다. 더구나 13~

30km 지점은 직선인 고속도로. 아푸스아우토반 중간에 있는 반환점을 돌아오는 코스다. 1~13km와 30~42.195km 지점은 10만 평의 그뤼네발트('녹색 숲'이라는 뜻) 공원을 달리는 숲길이다. 하벨 강변을 따라 나 있는 코스 주변에는 지금도 200~300년이 넘는 아름드리나무가 빽빽하다. 다람쥐, 고라니, 멧돼지, 토끼, 여우 등이 살 정도.

소위 '빌헬름 황제 언덕(35km)'이나 '비스마르크 언덕(40km)'은 사실상 없다. 그 지점은 표고 2m 정도의 약간 오르막일 뿐이다. 황영조는 "고속도로 부분은 약간 덥고 지루했겠지만 달리는 데 큰 어려움은 없었을 것"이라며 "40km 지점의 페르스트라야 철교 아래 S자 오르막이 좀 걸리지만 2위 하퍼를 2분 거리로 떨어뜨린 상황에선 큰 문제가 안 된다."고 말했다.

출발은 오후 3시 2분. 경기장 트랙을 1과 4분의 1바퀴(500m)를 돌고 빠져나갔다. 56명 중 22번째. 강력한 우승후보 아르헨티나의 자바라(1932년 로스앤젤레스 올림픽 우승자)가 2위와 150m 거리를 두고 선두로 뛰쳐나갔다. 약간 기온이 높았지만(섭씨 21~22.3도) 바람이 거의 없는 맑고 건조한 날씨라 숲에 들어서면 오히려 쾌적했을 것으로 생각된다.

손기정 선생은 10km 지점 5위(34분 10초), 25km 지점 3위(1시간 24분 49초)로 가다가 마침내 28km 지점에서(1시간 35분 29초) 선두를 32초 차로 따라붙었다. 거리로는 약 150m. 손 선생은 내친김에 29km 지점에서 자바라를 제쳤고(자바라는 31km 지점에서 기권) 31km 지점에서는 끈질기게 따라붙던 영국의 하퍼를 16초 차(75m)로 제치고 단독 선두에 나섰다. 31km 지점은 따가운 아스팔트길인 아푸스아우토반이 끝나고 다시 그뤼네발트의 숲으로 접어든 곳.

황영조는 "손 선생은 계속 이어지는 시원한 숲길에선 하퍼를 제치기가 힘들다고 판단해 아스팔트길이 끝나는 이 지점에서 스퍼트를 했을 것"이라며 "바르셀로나에서 29km 지점부터 일본의 모리시타를 떨어뜨리려고 10여 번쯤 스퍼트를 했는데 그때마다 이 친구가 물귀신처럼 달라붙어 혼났다."고 말했다. 결국 40km 몬주익 언덕에서 죽을힘을 다해 마지막 스퍼트를 했는데 "그때 모리시타가 또 따라붙었다면 아마 내가 먼저 포기했을 것"이라고 고개를 설레설레 흔들었다. 그 후 황 감독은 모리시타를 만나 이 얘기를 했더니 모리시타는 "설마 거기서 치고나갈 줄은 몰랐다. 난 마지막 트랙에서 승부를 보려고 했었다. 지금도 내가 이기는 레이스였다고 생각한다."라며 한스러워하더라고 말했다.

손기정 선생의 1936년 베를린 올림픽 마라톤 우승 기록은 2시간 29분 19초. 100m 평균 21.23초의 빠르기다. 당시 역대 올림픽 사상 최고기록이자 2시간 30분 벽을 처음으로 깬 대단한 기록이었다. 하지만 56년 뒤 후배 황영조의 1992년 바르셀로나 올림픽 마라톤 우승 기록 2시간 13분 23초(100m 평균 약 18.97초)보다 15분 56초 느리다. 현재 에티오피아의 하일레 게브르셀라시에가 보유하고 있는 세계최고기록(2시간 3분 59초)보다는 무려 25분 20초 늦다. 손 선생의 우승 기록은 영국의 폴라 래드클리프의 여자 세계최고기록 2시간 15분 25초보다도 13분 54초 느리다. 래드클리프는 100m를 평균 19.25초에 달려 손 선생보다 1.98초 빠르다. 요즘은 웬만한 아마추어 남자 마라토너들의 우승 기록이 2시간 20분대에 이른다. 그만큼 세계 마라톤 기록은 70년 동안 엄청나게 단축돼 왔다. 식이요법, 신발 개발, 과학적 훈련과 평탄한 코스 개발 등이 그 원인이다. 현재 한국 마라톤 최고기록은 이봉주의 2시간 7분 20초(100m 평균 18.10초, 시속 19.872km).

1936년 베를린 올림픽 남자 마라톤 구간별 순위

이름	최종	10	12	15	18	21.1	25	28	31	33	35	37	39	40	41km
손기정	1	5	5	3	4	2	3	2	1	1	1	1	1	1	1
하퍼	2	4	4	4	3	3	2	3	2	2	2	2	2	2	2
남승룡	3	33	28	25	16	15	13	11	10	7	3	3	3	3	3

베를린 올림픽 마라톤 구간별 기록

km	1위	2위	3위	4위	5위
4.0	자바라 0:13.04.0	디아스 0:13.34.0	라란데 0:00.00.0	브라운 0:00.00.0	메스켄스 ::00.00.0
6.0	자바라 0:19.41.0	디아스 0:20.11.0	하 퍼 0:20.21.0	손기정 0:20.23.0	브라운 0:20.30.0
8.0	자바라 0:26.18.0	디아스 0:27.01.0	하 퍼 0:27.36.0	손기정 0:27.36.0	브라운 0:27.38.0
10.0	자바라 0:32.30.0	디아스 0:33.15.0	브라운 0:33.55.0	하 퍼 0:34.10.0	손기정 0:34.10.0
12.0	자바라 0:39.21.0	디아스 0:40.29.0	브라운 0:41.15.0	하 퍼 0:41.17.0	손기정 0:41.18.0
15.0	자바라 0:49.45.0	디아스 0:51.25.0	하 퍼 0:51.55.0	손기정 0:51.55.0	브라운 0:52.10.0
18.0	자바라 1:00.00.0	디아스 1:02.12.0	하 퍼 1:02.18.0	손기정 1:02.19.0	에노첸 1:03.13.0
21.1	자바라 1:11.29.0	손기정 1:12.19.0	하 퍼 1:12.19.0	디아스 1:12.29.0	에노첸 1:12.34.0
25.0	자바라 1:23.17.0	하 퍼 1:24.49.0	손기정 1:24.49.0	브라운 1:26.29.0	콜 맨 1:26.29.0
28.0	자바라 1:34.57.0	손기정 1:35.29.0	하 퍼 1:35.31.0	콜 맨 1:37.41.0	브라운 1:37.59.0
31.0	손기정 1:46.20.0	하 퍼 1:46.36.0	자바라 1:48.37.0	콜 맨 1:49.24.0	타미라 1:49.41.0
33.0	손기정 1:53.27.0	하 퍼 1:53.52.0	무이노넨 1:57.07.0	타미라 1:57.07.0	콜 1:57.07.0
35.0	손기정 2:01.11.0	하 퍼 2:01.56.0	남승룡 2:04.51.0	무이노넨 2:04.56.0	타미라 2:04.56.0
37.0	손기정 2:08.33.0	하 퍼 2:09.33.0	남승룡 2:11.48.0	타미라 2:12.13.0	무이노넨 2:12.13.0
39.0	손기정 2:15.36.0	하 퍼 2:16.46.0	남승룡 2:17.51.0	타미라 2:18.11.0	무이노넨 2:18.21.0
40.0	손기정 2:19.40.0	하 퍼 2:21.07.0	남승룡 2:22.45.0	타미라 2:00.00.0	무이노넨 2:00.00.0
41.0	손기정 2:23.53.0	하 퍼 2:25.33.0	남승룡 2:26.36.0	타미라 2:26.58.0	무이노넨 2:27.59.0
최종	손기정 2:29.19.2	하 퍼 2:31.23.2	남승룡 2:31.42.0	타미라 2:32.45.0	무이노넨 2:33.46.0

베를린 올림픽 마라톤 구간별 기록

▼손기정 전반 랩타임=1시간 12분 49초

▼손기정 후반 랩타임=1시간 16분 30초

*자바라=아르헨티나 *디아스=포르투갈 *라란데=남아프리카공화국 *브라운=미국 *하퍼=영국 *콜맨=남아프리카공화국 *타미라=핀란드 *무이노넨=핀란드

 손 선생은 과연 폭염 속에서 달렸을까?

보통 마라톤의 최적온도는 섭씨 9도 안팎에 습도 30%대이다. 기온과 습도가 너무 높으면 빨리 지친다. 손기정이 달렸던 1936년 8월 9일 오후 3~6시 베를린은 섭씨 21~22.3도에 습도 20%로 맑고 건조한 날씨였다(독일 베를린 올림픽 기록보존소 자료).
기온이 다소 높았지만 한국 언론에서 그동안 당연한 것처럼 써왔던 '섭씨 30도가 넘는 폭염'은 아니었다. 더구나 1~13km와 반환점을 돌아 나와 달리는 30~42.195km 구간은 10만평의 그뤼네발트 공원을 달리는 숲길이었다. 숲엔 수백 년 넘는 나무가 지금도 빽빽하다. 일단 햇볕만 피하면 습도가 낮아 서늘하기까지 했다. 손기정 선생도 생전에 "고속도로 구간을 빼놓곤 그리 덥지 않았다"고 말했다. 13~30km 지점의 직선 고속도로(아우스아우토반)를 달릴 때 그늘이 없어 더웠으리라 생각된다. 황영조가 우승했던 1992년 바르셀로나 올림픽 땐 섭씨 28도에 습도 80%의 한증막 날씨였다.

손기정과 황영조의
기막힌 인연

올림픽 남자 마라톤에서 아시아인이 우승한 것은 딱 두 번. 1936년 베를

린의 손기정과 1992년 바르셀로나의 황영조가 바로 그 주인공이다. 하지만 베를린 올림픽 경기장에 새겨진 우승자 명단에는 손기정의 국적이 여전히 일본으로 표시돼 있다. 1970년 8월 16일 새벽 당시 신민당 국회의원 박영록 씨가 경기장에 몰래 들어가 끌과 정으로 5시간 동안 작업 끝에 'JAPAN'을 'KOREA'라고 바꿨다. 하지만 국제올림픽위원회(IOC)와 수상 빌리 브란트가 이끌던 서독 정부는 '국적 변경은 불가능하다'며 다시 'JAPAN'으로 되돌려 놓았다.

 손기정 마라톤 에피소드

손기정 선생은 왜 결승선을 100m 앞두고 그렇게 필사적으로 달렸을까. 당시 외국의 한 감독은 "수동 시계로 재본 결과 마지막 100m는 15초 정도에 통과했다"고 말했다. 이는 손 선생의 100m 평균 21.23초(우승 기록은 2시간 29분 19초)보다 6.23초 빠르게 달린 것. 생전 손 선생은 "10만 관중의 우레 같은 박수 소리에 고무되기도 했고, 누가 등 뒤에서 따라오는 것 같기도 하고…… 당시엔 뒤를 돌아보면 실격은 아니지만 정당하지 못하다고 손가락질 받아서 달리면서 뒤를 돌아볼 수가 없었어."라고 말했다.

손 선생은 레이스 내내 25km 지점에서 딱 한 번 물을 마셨다. 40km 지점에서 독일 간호사가 물을 컵에 담아 줬지만 입을 한 번 헹군 뒤 뱉었고 나머진 머리에 쏟아 부었다. 왜 그랬을까. 그것은 당시 물을 마시면 배가 출렁거리거나, 배가 아파 달리지 못한다고 생각했기 때문이다. 당시 대부분의 다른 선수들도 거의 물을 마시지 않고 달렸다. 매 5km마다 물을 마시며 달리는 요즘 선수들과 좋은 비교가 된다.

손기정 선생이 달리는 모습을 찍은 당시 기록영화 중 일부분은 나중에 연출된 것이다. 손 선생은 우승한 다음 날 당시 베를린 올림픽 기록영화를 총지휘하던 레니 리펜슈탈 감독에게 불려가 하루 종일 달리는 모습을 다시 찍어야 했다. 생전에 손 선생은 "그렇지 않아도 피곤해 죽겠는데 자꾸 달리라고 해서 나중엔 러닝셔츠를 뒤집어 입고 뛰었는데 그 모습이 기록영화에 잠깐 나오더구먼."이라고 말했다. 등 뒤쪽 셔츠 하단에 '382'라는 번호 숫자가 뒤집혀서 언뜻 스치듯이 나온다는 것이다.

손기정과 황영조 두 사람 사이에는 56년 세월의 강이 있지만 두 대회는 여러 관계로 얽혀 있다. 우승자가 나란히 한국인일뿐더러 대회 날짜도 똑같은 8월 9일이다. 그뿐인가. 손 선생이 시상대에서 월계관을 쓸 무렵인(출발 오후 3시 2분) 오후 6시에 배턴 터치하듯 황영조가 바르셀로나 경기장을 출발했다. 참가 선수는 베를린이 56명(27개국)이고 바르셀로나는 2배인 112명(73개국)이다. 한국 선수 2명과 외국 선수 1명이 후반 레이스를 펼친 것도 비슷하다. 날씨가 더운 것도 닮았다. 베를린은 섭씨 21~22.3도에 맑고 건조한 날씨. 바르셀로나는 섭씨 28도에 습도 80%의 후텁지근한 날씨.

　바르셀로나에서는 29km 지점부터 김완기, 황영조, 모리시타(일본) 3명이 각축을 벌였고, 베를린에서는 35km 지점부터 손기정, 남승룡, 하퍼(영국)가 삼파전을 벌였다. 시상식 장면은 무척이나 상징적이다. 베를린에서 태극기 대신 일장기가 두 번(1, 3위)이나 올라갔지만, 바르셀로나에서는 태극기 밑에 일장기(2위)와 독일 국기(3위)가 올라갔다. 1936년 우리 민족에게 피눈물을 흘리게 했던 일제와 히틀러의 독일이 56년 만에 고개를 숙인 셈이다

　황영조는 "바르셀로나 올림픽 경기장 시상대 위에서 태극기 밑에 일장기(2위 모리시타)와 독일 국기(3위 슈테판 프라이강)가 오르는 것을 보고 1936년 베를린 올림픽이 떠올랐다. 당시 우리 민족에게 피눈물을 흘리게 했던 일제와 히틀러의 독일이 이런 식으로 업보를 받는구나 생각했다." 라고 말했다.

　그날 손기정은 1위로 결승선에 들어온 뒤 기진해 쓰러진 황영조의 모습을 관중석에서 지켜보며 속울음을 삼켰다. 손기정은 그 당시 심정을

《동아일보》에 이렇게 썼다.

"무슨 말을 해야 할까. 할 말은 많은 것 같은데 머릿속이 텅 비어 아무 가닥도 잡을 수 없었다. 태극무늬를 가슴에 단 선수가 제일 먼저 들어오는 것을 본 순간 나는 두 다리에 힘이 빠져 그대로 주저앉고 말았다."

황영조는 시상식이 끝난 후 스탠드에 있는 손기정에게 달려갔다. 손 선생은 황영조의 손을 부여잡고 "더 이상 여한이 없구먼. 이제는 맘 편히 눈을 감을 수 있을 것 같아."라며 뜨거운 눈물을 흘렸다.

베를린과 광화문 동시 중계: 손기정은 왜 시상식에서 고개를 숙이고 있었을까

"나라 없는 백성은 개와 똑같아. 만약 일장기가 올라가고 일본 국가인 기미가요가 연주되는 것을 알았다면 난 베를린 올림픽에서 달리지 않았을 거야."

손기정은 1936년 8월 9일 베를린 올림픽 시상대에서 시종 고개를 숙이고 땅바닥만 내려다봤다. 가슴의 일장기를 월계수 화관으로 가린 채. 그 생애에 다시는 일장기를 달고 달리지 않으리라 굳게 맹세했다. 그리고 실제 해방되기까지 단 한 번도 마라톤에 눈길을 주지 않았다. 손기정은 베를린 올림픽 선수촌에서 연습할 때도 일장기가 달린 훈련복을 입지 않았다. 그냥 아무것도 없는 단색 훈련복을 입고 달렸다. 우승 후 각종 초청 행사에도 일장기가 달린 단복은 결코 입지 않고 유일하게 혼자만 그냥 양복 차림으로 나갔다. 일본인 단장이나 임원들이 뭐라고 했지만 들은 체도 하지 않았다. 당시 찍은 수많은 사진 어디에도 일장기가 달린 옷을 입은 손기정의 모습은 경기 당일 외에는 없다.

그뿐인가. 손기정은 팬들이 사인을 청하면 서슴없이 한글로 '손긔정'이라고 쓰고 그 옆에 영문으로 'KOREA'라고 썼다. 어디서 왔느냐고 물으면 "KOREA"라고 대답하고 다시 한번 천천히 "Me Korean Not Japanese"라고 말했다. 당시 베를린 올림픽 금메달리스트들이 사인한 방명록을 보면 한글로 '손긔정'이라고 뚜렷이 적혀 있다.

우승자 손 선생과 준우승자 영국인 어네스트 하퍼의 친필 사인이 나란히 들어 있는 엽서를 봐도 그렇다. 올림픽 우표 수집가인 오화석 씨가 입수한 그 기념엽서는 당시 독일 신문에 난 '손 선생과 하퍼가 마라톤 반환점을 나란히 돌고 있는 사진'을 오려서 뒷면에 붙인 뒤 그 위에 두 사람의 사인을 받은 것이다.

손 선생이 사진 위에 한글과 영문으로 '손긔정 SON KOREAN 1936 13-8'이라고 쓴 것으로 보아 마라톤 우승을 한 나흘 뒤인 8월 13일에 사인해 준 것을 알 수 있다. 영국의 하퍼도 'E. HAPER olympic games Berlin marathon 2nd'라고 사인했다. 자신이 '베를린 올림픽 남자 마라톤 준우승자 하퍼'라는 뜻이다.

오 씨는 "손기정 선생은 당시 일제의 감시에도 불구하고 일본 이름 '기테이 손'이 아니라 한글로 '손긔정'이라고 당당히 사인했으며, 자신이 '코리언(KOREAN)' 즉 조선인임을 분명하게 밝혔다."고 말했다. 엽서 앞면의 베를린 올림픽 경기장 사진 위쪽에는 뒷면에 나온 하퍼의 같은 사인이 있으며 '1936 올림픽경기 베를린 8월 1~16'이라고 인쇄돼있다. 오른쪽 소인에는 나치 문장도 보인다.

1936년 8월 9일 밤 11시 2분. 서울은 비가 내리고 있었다. 하지만 광화문 동아일보사(현 일민미술관) 앞에는 많은 시민들이 우산을 쓰고 몰려 있었다. 동아일보사의 스피커를 통해 광화문 네거리에 울려 퍼지는 베를린 올림픽 마라톤 NHK의 라디오(경성방송 JODK) 중계방송에 귀를 기울이고 있었던 것이다.

동아일보사(현 일민미술관) 귀빈실에서도 장안의 내로라하는 체육계 인사들이 빙 둘러앉아 중계방송에 귀를 기울이고 있었다. 양정고보 교장 안종원, 교무주임 서봉훈, 고려육상경기협회 이사 최재환, YMCA 체육부주임 정권, 1932년 로스앤젤레스 올림픽 마라톤 6위 입상자 김은배 등이었다.

중계방송은 스피커를 통해 광화문 네거리에도 크게 울려 퍼졌다. 하지만 8월 10일 자정을 기해 갑자기 방송이 끊겼다. 손기정이 17km 지점을 막 지나며 자바라를 맹추격하던 중이었다. 사람들은 분통을 터트리며 발을 굴렀다. NHK는 밤 11시와 오후 6시 30분부터 각각 1시간씩 하루 두 번만 올림픽 실황을 중계했던 것이다. 동아일보사 앞에서 진을 치고 중계방송을 듣고 있던 시민들은 하나둘 집으로 가거나 인근 청진동 대폿집으로 발길을 돌렸다. 동아일보사 귀빈실의 인사들은 김은배의 4년 전 로스앤젤레스 올림픽 출전 이야기를 들으며 편집국에서 넘어오는 베를린 소식을 기다렸다.

동아일보사 편집국은 기자들이 피워 댄 담배 연기로 자욱했다. 운동부 기자들은 전화통을 붙잡고 도쿄와 베를린에 선을 대기 위해 고래고래

소리를 질러 대기 시작했다. 그중에서도 베를린 올림픽 취재 반장격인 이길용 기자(1899~?)가 가장 바빴다. 이 기자는 조선 체육계의 마당발이었다. 키는 작달막하고 체구는 호리호리했지만 눈은 광채로 번득였다. 그는 이미 손기정이 베를린 올림픽 마라톤에서 우승할 것이라고 굳게 믿고 있었다. 그렇다면 당장 내일 아침에 뿌릴 호외부터 만들어야 할 것이었다. 당시 《동아일보》는 석간이었기 때문이다.

이길용 기자는 사회부 편집 담당 장용서 기자를 불렀다. "윤치호(1865~1945) 회장댁에 간 친구들은 어떻게 된 거야. 틀림없이 손기정이 우승할 테니 그럴 경우 윤 회장 소감을 받아오라고 했는데." 윤치호는 1928년 이래 8년 동안 조선체육회장직을 맡고 있었다. 당시 그는 와병중이어서 동아일보사의 초청에 응할 수가 없었다.

1936년 8월 10일 새벽 2시. 광화문 동아일보사 앞에 다시 많은 시민들이 우산을 쓰고 몰렸다. 손기정이 마라톤 소식이 궁금했던 것이다. 장맛비는 그해 7월부터 줄기차게 내렸다(8월 14일까지 조선 전국 사상자가 총 265명, 이재민이 무려 6만여 명에 이를 정도였다. 8월 14일부터는 낙동강이 범람하여 삼랑진, 구포, 양산, 김해 일대가 물바다가 됐다).

이윽고 동아일보사 사옥 2층 창문에 한 여자가 나타났다. 그리고 그녀는 "손기정 군이 2시간 29분 12초 올림픽 최고기록으로 우승을 차지했고 남승룡 군도 3위로 들어왔습니다."라고 외쳤다.

시민들은 그 순간 "와" 함성을 질렀다. 여기저기서 "손기정 만세, 남승룡 만세." 소리가 터지기 시작했다. 그러다 누군가 "조선 만세"를 외쳤다. 그러자 잠시 어색한 침묵이 흘렀다. 만약 일본 순사가 들었다면 큰일 날 소리였던 것이다. 하지만 금세 "손기정 만세"가 폭죽처럼 터지며 그 어색한 순간은 '소리의 바다'에 묻혔다. 모두들 우산도 내던진 채 누가 시킬 것도 없이 거리로 쏟아져 나가 "손기정 군이 베를린 올림픽 마라손에서 우승했다!" 소리쳤다. 이들은 날이 새도록 장안 곳곳을 누비며 목이 터져라 "손기정 우승"을 외치고 다녔다.

Chapter 03

한국 마라톤 중흥 시대, 황영조와 이봉주

'봉달이' 이봉주의 투혼

잠실대교가 시작되는 35km 지점. 나란히 어깨를 맞대며 달리던 케냐의 키루이(당시 27세)가 갑자기 성큼 속력을 내기 시작했다. '봉달이' 이봉주(당시 37세)도 젖 먹던 힘까지 다하며 떨어지지 않기 위하여 안간힘을 다했다. 키루이의 최고기록은 2시간 6분 44초. 이봉주의 최고기록은 2시간 7분 20초. 46초 차.

마라톤에서 35km 지점 이후에서의 1m 차이는 심리적으로 '십리 거리' 나 마찬가지이다. 만약 나란히 선두 다툼을 벌이다가 한 선수가 10m쯤 뒤처진다면 그 선수는 천리만리쯤 뒤처진 것 같은 절망감에 빠진다. 한 마디로 나란히 선두를 달리다가 한번 뒤처지면 그대로 끝이나 마찬가지인 것이다.

이봉주는 키루이가 치고나가자 즉시 따라붙었다. 하지만 역시 나이는 어쩔 수 없었다. 10cm…… 50cm…… 1m…… 2m…… 10m……. 키루이는 점점 멀어져 갔고 이봉주는 자꾸만 뒤로 처졌다. 길가 시민들은 발을 동동 굴렀다.

"봉달아, 힘내라!" 목이 터져라 외쳤다. 주먹을 불끈 쥐고 허공에 내지르며 "파이팅"을 소리쳤다. 손바닥이 부서져라 박수를 치는 사람들도 있었다. 모두들 안타까워 애간장이 탔다. 손수건으로 눈시울을 훔치는 아주머니도 보였다.

그렇다. 이봉주는 너무 많이 뛰었다. 40만km쯤 뛴 승용차라고 할 수 있었다. 그때까지 16년 동안 공식 대회 35번 완주(황영조는 5년 동안 8회)는 기네스북에 올라야 할 정도다. 아무리 세계적 선수라도 많아야 20번 정도 완주하고 나면 은퇴하기 마련이다.

키루이는 당시 겨우 5번째 뛰는 선수였다. 갓 뽑아 길들이기 시작한 새 차나 같았다. 게다가 이봉주보다 10년이나 젊어서 그만큼 힘이 있고 빨랐다.

마라토너에게 35km 지점은 '삶과 죽음'의 아득한 경계라고 말할 수 있다. 일단 그 경계를 지나면 확실한 것은 아무것도 없다. 가도 가도 사막 길. 타는 목마름. 휘청거리는 다리. 터질 것 같은 심장. 길은 사라졌다가 다시 나타나고, 나타났다가 또 사라진다.

마라톤의 엔진은 폐와 심장이다. 이봉주의 최대 산소 섭취량(1분간 몸무게 1kg당 산소 섭취량)은 78.6ml(20대 평균 남자 45ml)이다. 선수 시절 황영조의 82.5ml보다 적다. 무산소성 역치도 70% 정도로 현역 시절 황영조의 79.6%보다 낮다. 무산소성 역치란 어느 순간 피로가 급격히 높아지는 시점을 말한다. 가령 이 값이 50%라고 한다면 신체 능력이 50%를 발휘할 때 갑자기 피로가 몰려와 운동 능력이 급격히 떨어진다.

이봉주는 35km 지점에서 몸의 바닥까지 와 있었다. 무산소성 역치인 70%를 지났다. 기댈 것은 아무것도 없었다. 지푸라기라도 잡고 싶은 절대 절명의 순간이었던 것이다.

그런데 기적이 일어났다. 결승선을 1.575km를 앞둔 40.62km 지점. 한때 30여m까지 떨어졌던 이봉주가 어느새 키루이와 어깨를 나란히 하더니 갑자기 뛰쳐나가기 시작했다. 길가 시민들은 처음에는 자신의 눈을 의심했다. 설마 했다. 그러나 몇 번이나 다시 봐도 틀림없는 이봉주였다. "원 세상에!" 모두들 자신도 모르게 박수를 치기 시작했다.

"이봉주 잘한다."

"보옹달이, 대한민국!"

인도를 따라 이봉주와 함께 달리는 사람도 있었다. 태극기를 휘두르는 사람도 있었다. 그냥 "와! 와!" 하며 무턱대고 소리를 지르는 시민도 있었다. 너무 숨이 막혀 말을 잊고 그냥 껑충껑충 뛰는 사람도 보였다.

2007년 3월 18일 서울에서 열린 제78회 동아마라톤. 이봉주는 2시간 8분 04초의 기록으로 결승선을 맨 먼저 통과했다. 케냐의 폴 키프로프 키루이는 25초 늦은 2시간 8분 29초의 기록으로 2위에 골인했다. 25초 차이는 거리로 환산하면 약 137m. 이봉주는 이 137m의 '머나먼 길'을 '깡'과 '오기'라는 '정신 근육'으로 한방에 해치운 것이다.

봉달이
스토리

이봉주는 공을 잘 찬다. 천안 성거초등학교 시절 그의 축구 실력은 인근에서 알아줄 정도였다. 포지션은 공격수. 이봉주는 휴식 시간이면 공을 즐겨 찼다. 물론 그의 스피드는 아무도 못 따라간다. 게다가 발기술도 빼어나다. 오인환 감독은 혹시 부상이라도 당할까 봐 "제발 공 좀 차지 마라."고 하지만 이봉주는 배시시 웃으며 슛을 날린다.

이런 이봉주가 천안농고에 입학하자마자 축구부를 제쳐두고 육상부를 택했다. 가난 때문이다. 육상부는 바지 하나만 있으면 될 것 같았다는 게 그의 말.

이봉주는 고등학교를 4년 동안 3군데나 다녔다. 인근의 삽교고등학교에 1학년으로 재입학했다가 육상부가 해체되자 광천고로 옮겨 졸업했다. 고교 시절 대회 성적도 시원찮았다. 다행히 3학년 때 전국체전 10km에 나가 3위 턱걸이를 한 덕분에 간신히 서울시청에 들어갈 수 있었다.

이봉주는 풀코스 도전 15번 만에 1996년 애틀랜타 올림픽 2위에 올랐다. 그 뒤로도 두 번(2000년 시드니 24위·2004년 아테네 14위)이나 더 도전했지만 끝내 올림픽 월계관을 쓰는 데는 실패했다. 아시아 경기 2연패(1998년 방콕·2002년 부산), 2001년 보스턴 마라톤 우승 등 히말라야 8000m급 봉우리는 두루 올랐지만 에베레스트 정상에 오르는 것은 끝내 실패한 것이다.

1990년 광천고 3학년이던 이봉주는 전국체전을 앞두고 충남 대표로 선발돼 대전 공설운동장에서 합숙 훈련을 하고 있었다. 그러던 어느 날

휴식 시간이면 축구를 즐겨하는 이봉주. 스피드와 발기술 모두 빼어나다. 어릴 때부터 축구 실력을 알아줄 정도였지만 고등학교에 진학했을 때에는 집안 형편이 어려워서 '바지 하나만 있으면 될 것 같은 육상'을 택했다.

장대비가 쏟아졌다. 선수들은 물론 지도자들도 으레 훈련이 없을 줄 알고 트랙에 나갈 생각조차 하지 않았다. 그러나 그때 한 선수가 그 장대비 속에서 트랙을 묵묵히 달리고 있었다. 이봉주였다. 그 당시 충남 대표 감독을 맡고 있었던 대전체고의 김영준 선생은 "그때는 이름도 잘 모를 정도로 무명이었지만 언젠간 엄청난 선수가 될 거라고 생각했었다."고 말했다.

이봉주는 2001년 4월 보스턴 마라톤 우승 다음 날 귀국도 미루고 곧바로 8월 세계 육상 선수권이 열리는 캐나다 애드먼턴으로 날아갔다. 이봉주는 가자마자 오 감독과 함께 코스를 둘러봤다. 그리고 이튿날은 서울로 향할 예정이었다. 그런데 바로 그날 이봉주는 새벽에 일어나 35km 지점에서 결승선까지 조깅을 하며 코스를 샅샅이 살폈다. 대회를 마친 지 이틀 만에 달리는 것도 놀랍지만 우승의 만족감에 빠지지 않고 다음 대회를 준비하는 이봉주의 집념에 모두 혀를 내둘렀다.

이봉주는 하루 종일 말이 거의 없다. 어쩌다 하는 말도 어눌하다. 그러나 그는 성실하다. 아무리 힘든 훈련도 묵묵히 해낸다. 그는 깔끔하다. 방은 언제나 깨끗하고 침대나 책상 등 모든 것이 가지런히 정돈돼 있다. 다른 사람한테 싫은 소리 한번 못하지만 한번 아니다 싶으면 그 누구도 그의 고집을 꺾을 수 없다. 1999년 겨울 후배들을 이끌고 코오롱을 뛰쳐나와 지방 여관을 전전하며 훈련했던 일은 너무나 유명한 이야기이다. 그때 육상계에선 여러 말들이 떠돌았다.

"이봉주는 이제 끝났다.", "이봉주가 스승 정봉수 감독을 배신했다." 등등. 그러나 그때도 이봉주는 아무 말 없이 훈련에만 몰두했다. 여러 곳에서 팀 창단을 조건으로 오라고 했지만 그는 응하지 않았다. 혼자 살

자고 후배들을 두고 갈 수 없다는 게 그 이유였다. 그때 이봉주는 훈련비로 자신이 먼저 1000만 원을 선뜻 내놓고 4000원짜리 식당 밥을 먹으며 후배들과 함께 달렸다. 결국 그해 겨울 소속팀 없는 무적 선수로 출전한 2000년 도쿄 마라톤에서 한국 최고기록(2시간 7분 20초)으로 우승했다.

골인 직후 이봉주는 어린아이처럼 엉엉 울었다. "정말 원 없이 울었어유. 그날 밤 축하 파티 자리에서도 울고 또 울었어유." 이봉주의 말이다.

그러나 시련은 계속됐다. 그해 시드니 올림픽에서 추락(24위)한데다 2001년 초 아버지의 별세로 충격에 빠진 것이다. 한창 보스턴 마라톤에 대비해 훈련에 피치를 올리던 때였다. 오인환 감독도 그때가 가장 힘들었다고 회상한다. 하지만 이봉주는 2001년 4월 보스턴 마라톤에서 우승하며 오뚝이처럼 다시 일어섰다.

이봉주가 마라톤에 눈을 뜬 것은 1994년 당시 정봉수 감독이 이끄는 코오롱에 입단하면서부터다. 그전까지 풀코스 8번 완주에 최고기록 2시간 10분 27초에 불과했다. 우승도 호놀룰루 대회가 고작. 마침 오인환 코치가 거의 같은 시기에 부임했다. 결국 이들은 이때부터 입단 동기이자 사제지간으로 끈끈한 연을 이어 온 셈이다.

코오롱에서 이봉주의 출발은 순탄치 않았다. 코오롱에는 '몬주익의 영웅' 황영조와 당시 한국 최고기록(2시간 8분 34초) 보유자인 2년 선배 김완기가 있었다. 이봉주는 어디까지나 2진에 불과했다. 팀에서도 크게 신경 쓰지 않는 판에 성격마저 내성적이고 조용했다. 오죽했으면 생전에 정봉수 감독이 "봉주는 평소 옆에 있는지 없는지도 모르는 놈"이라고 말했을까.

이봉주는 1996년 3월 애틀랜타 올림픽 티켓이 걸린 동아국제마라톤에서 2위에 오르면서 꽃을 피우기 시작했다. 라이벌 황영조는 29위(2시간 29분 45초)로 올림픽 출전이 좌절됐고 이어 은퇴를 선언했다. 이후 이봉주는 애틀랜타 올림픽 2위-1998년 방콕 아시안게임 우승-2000년 도쿄 마라톤 2위(한국 최고기록 2시간 7분 20초 작성)-2001년 보스턴 마라톤 우승-2002년 부산 아시안게임에서 우승했다.

이봉주는 1970년 10월 11일(음력) 충남 천안 성거에서 태어났다. 혈액은 A형. 전문가들은 하나같이 "이봉주는 A형 마라토너의 전형"이라고 말한다. A형은 완벽주의자다. 계획한 연습을 제대로 하지 않으면 안절부절 어쩔 줄 몰라 하며 다른 것은 아무것도 할 수 없다는 것이다. 어쩌다 부상으로 연습을 하지 못해도 마찬가지.

다른 사람과의 승부보다도 자신과의 싸움에 몰두하는 스타일이다. 하지만 스트레스를 잘 받는 게 약점. 똑같은 일인데도 스트레스를 받는 강도가 O형의 3배나 된다. 자신의 몸을 힘들게 하여 목표를 이루기 때문에 지도자가 이를 잘 조절해 줘야 한다.

A형은 레이스 스타일도 자기 페이스를 유지하면서 후반에 한발 한발 따라가는 스타일로 정말 이봉주가 딱이다.

황영조와 이봉주

2004년 아테네 올림픽 남자 마라톤 이틀 전인 8월 27일. 바르셀로나 올림픽 몬주익의 영웅 황영조가 친구 이봉주에게 편지를 보냈다. 두 사람은

1970년생 개띠 동갑내기이다. 코오롱에서 정봉수 감독 밑에서 1994년부터 3년 동안 한솥밥을 먹었다. 두 사람은 무서운 정 감독의 눈을 피해 가끔 팀에서 도망쳐 지방 멀리 놀러 가기도 했고 허물없이 장난도 치며 지냈다. 이봉주의 동갑내기 부인 김미순 씨를 소개한 사람도 황영조이다. 1994년 황영조가 그의 고향 동창생 김 씨를 이봉주에게 소개했던 것이다. 다음은 황영조의 편지다.

내 친구 봉주에게. 이제 네가 마라톤 평원을 누빌 일만 남았구나. 솔직히 친구로서 이런 얘기를 해도 될지 모르겠다. 하지만 네가 꼭 금메달을 따기를 진심으로 바라면서 몇 자 적는다. 올림픽 마라톤 금메달은 정직하다. 동등한 조건에서 인간 한계를 실험하는 진정한 올림픽 정신을 담고 있으니까. 그만큼 손에 넣기도 힘들다. 이번 레이스를 놓고 '지옥의 코스'니 '무더운 날씨'니 말들이 많은데 사실 의미가 없다고 본다. 누구에에나 조건은 똑같으니까. 23일 열린 여자 마라톤에서 세계최고기록 보유자인 폴라 래드클리프(영국) 대신 일본의 노구치 미즈키가 우승할 줄 누가 예상했겠니.

넌 이번 레이스에서 두 가지 선택을 할 수 있을 것 같다. 어떤 일이 있어도 선두그룹을 따라가는 것과 아예 2위 그룹에 처져 뛰는 것. 첫째 선택은 금메달을 노릴 수는 있지만 오버페이스를 할 경우 자칫 메달은커녕 10위권 밖으로 처질 수도 있다. 그리고 너도 알겠지만 두 번째 선택은 상위권 진입은 가능하나 금메달을 딸 수는 없다는 게 문제다. 선택은 네 몫이다.

난 늘 '이번이 마지막이다'라는 생각으로 뛰었다. 훈련 때도 마찬가지였다. 1992년 바르셀로나 올림픽 때는 '레이스를 마치고 바로 은퇴한다'는 생각으로 올인했다. 몬주익 언덕을 올라갈 때 숨이 턱까지 찼지만 죽을 각오를 했기에 모리시타(일본)를 이길 수 있었다.

　최근 네가 "아테네 올림픽 이후에도 계속 뛸 것"이란 말을 했다는 소식에 놀랐다. 31번이나 풀코스를 완주하고도 또 뛰겠다니……. 하지만 지금은 올림픽 후의 생각을 할 때가 아닌 것 같다. 오직 올림픽에 모든 걸 걸어야 한다.

　너나 나나 이제 서른넷이다. 지난달 말 강원도 횡계에서 훈련에 열중인 너를 봤을 때 '이젠 봉주도 옛날 같지 않구나'란 느낌을 받았다. 그만큼 세월이 흘렀으니까. 너에겐 이번이 올림픽 금메달을 딸 마지막 기회가 아닌가 싶다. 봉주야, 우리가 고등학교 시절 라이벌로 처음 만났으니 벌써 20년이 다 돼 가는구나. 묵묵히 성실하게 땀 흘리는 네 모습을 보면 고개가 숙여진다.

　지금까지 흘린 땀방울이 헛되지 않게 죽을 각오로 달려 한국에 멋진 금메달을 선사하기를 친구로서 진심으로 바란다. 힘내라 봉주야. 아테네에서 친구 영조가.

　결과적으로 황영조의 이야기는 맞았다. 황영조의 말처럼 "어떤 일이 있어도 선두그룹을 따라갔어야" 했는데 이봉주는 그렇지 못했다. 어차피 메달권에 들지 못할 바에야 중도에 기권을 하는 한이 있더라도 한번 치고 나갔어야 했다. 30명 가까이 선두권을 형성해서 달렸던 15~20㎞ 구간에서 죽을힘을 다해 한번 치고 나갔어야 했다.

　아마 황영조라면 그렇게 했을지도 모른다. 그러다가 도저히 못 뛰겠다고 판단되면 기권했을 것이다. 어차피 승부는 한번 걸어볼 만했다. 바로 이런 점이 황영조와 이봉주의 다른 점이다. 이봉주는 줄기차게 따라붙는 '은근과 끈기형'이다. 반짝하는 스타일이 아니다. 처음부터 끝까지 자기 속도를 유지하며 달리는 게 특징이다. 이런 스타일은 일단 호흡을 일정하게 유지하는 게 중요하다. 일단 한번 호흡이 일그러지면 달리기가 엉망이 된다.

황영조는 천재형이다. 마라톤뿐만 아니라 말도 잘하고 기자들을 몰고 다닌다. 은퇴한 지금도 늘 화제를 만들어낸다. 방송 해설자로, 마라톤 감독으로, 크고 작은 이벤트의 주인공으로 항상 분주하다. 경기에 임해서는 바로 여기다 싶으면 뛰쳐나가 대뜸 승부를 건다. 이것이 성공하면 바르셀로나에서와 같이 우승을 하게 되지만 반대로 실패하면 하위권으로 떨어진다. 극과 극을 달리는 셈이다.

1996년 3월 17일 애틀랜타 올림픽 출전 티켓이 걸린 동아국제마라톤(경주 코스)에서 이봉주가 2위에 오를 당시 황영조는 29위(2시간 29분 45초)로 출전 티켓을 따는 데 실패했다. 25km 지점에서 선두권 20여 명이 스피드를 올리자 황영조가 갑자기 그 그룹에서 떨어져 나와 인도에 앉아서 신발을 벗었다. 얼굴은 온통 일그러져 고통스러운 표정이 역력했다. 발에 쥐가 나고 발바닥에 물집까지 생긴 것이다. 황영조는 잠시 근육을 푼 뒤 절뚝거리며 다시 달렸지만 승부는 이미 끝난 거나 마찬가지였다.

당시 올림픽 티켓은 3장이었다. 이봉주는 35km 지점부터 스페인의 마틴 피즈와 끈질기게 선두 다툼을 벌였다. 피즈가 도망가면 이봉주가 따라붙었고, 이봉주가 조금 앞설라치면 피즈가 곧바로 따라왔다. 앞서거니 뒤서거니 하다가 결승선에서 피즈에 뒤처졌다. 1초 차로 2위에 머물렀다. 1초면 5~6m쯤 뒤처져 들어왔다는 얘기다. 그 뒤를 김완기, 김이용이 잇따라 들어왔다. 결국 이봉주, 김완기, 김이용이 애틀랜타 올림픽에 나갈 선수로 결정됐다. 여론은 '황영조 구제론'으로 시끄러웠다. 당시 건국대 학생이던 김이용 대신 황영조를 보내자는 것이다. 하지만 그렇게 되면 선발 규정이 유명무실해지고 나쁜 선례가 생긴다. 여론은 "황영조를 보내야 된다, 안 된다."로 갈수록 들끓었다. 이렇게 되자 황영조가 스스로 전격 은퇴를 선언해 버렸다. 꽃이 통째로 떨어지는 동백꽃처럼 꽃을 피우자마자 곧 져버린 셈이다. 당시 육상계는 물론 온 국민이 충격에 빠졌다. 애틀랜타 올림픽이 코앞인데 유력한 금메달 후보가 티켓도 따지 못한 채 은퇴하다니.

오인환 감독은 말한다. "두 사람은 참으로 대조적이다. 황영조는 부모로부터 천부적인 심폐기능을 물려받았다. 보통 사람보다 폐활량이 두 배가 넘는다. 이봉주는 그 반대다. 피나는 노력으로 유산소 운동을 많이 해서 폐활량이 커졌다. 성격도 황영조가 외향적이라면 이봉주는 내성적이고 수줍음이 많다."

황영조와 이봉주의 고교 시절

1989년 9월 제70회 수원전국체육대회. 당시 고교 육상 무대는 강릉의 명륜고 3학년 황영조가 휩쓸고 있었다. 그는 중학교 3년 동안 사이클 선수로 활약하다가 뒤늦게 육상에 뛰어들었는데도 그를 이겨먹을 선수가 아무도 없었다. 전국체육대회에서도 마찬가지였다. 그는 5000m에서 14분

누르미와 자토페크 그리고 황영조

'날아가는 핀란드인' 파보 누르미(1897~1973)는 핀란드의 육상 영웅이다. 핀란드 사람들은 아직도 그를 '달리는 인간 기계'라고 한다. 외국인들을 만나면 자랑이 대단하다. 핀란드 어디를 가도 그의 동상이 없는 곳이 없을 정도다. 그는 올림픽에서만 9개의 금메달을 따냈다. 1920년 앤트워프 올림픽 1만m, 1만m 크로스컨트리, 1924년 파리 올림픽 1500m, 5000m, 1만m 크로스컨트리, 1928년 암스테르담 올림픽 1만m에서 금메달을 목에 걸었다. 여기에 릴레이 경기 등 3개의 단체 금메달까지 보탰다. 그는 80번의 크로스컨트리 경기에서 한 번도 우승을 놓친 적이 없다. 그가 세운 세계신기록만 무려 33개나 된다.

그는 가난했다. 12살 때는 아버지를 여의었다. 빵 배달을 할 수밖에 없었다. 잠시도 쉴 시간이 없었다. 하지만 그는 틈 날 때마다 열차의 뒤를 따라 달리며 스피드를 키웠다. 1996년 6월 미국의 《타임》지는 누르미를 '역대 올림픽 선수 중 최고의 선수'로 뽑았다.

체코의 에밀 자토페크(1922~2000)는 '신발을 신은 전갈'이라고 한다. '인간 기관차'라고도 불린다. 1948년 런던 올림픽 1만m, 1952년 헬싱키 올림픽 5000m, 1만m, 마라톤에서 우승했다. 그는 헬싱키 올림픽 이전까지 단 한 번도 마라톤을 완주해 본 적이 없었다. 난생 처음으로 마라톤에 나가, 그것도 올림픽에서 금메달을 따낸 것이다. 게다가 마라톤 우승을 한 사흘 뒤, 그 피곤한 몸으로 1만m에서 다시 금메달을 따냈다. 세계신기록도 18개나 세웠다.

'몬주익의 영웅' 황영조는 마라톤 도전 4번 만에 1992년 바르셀로나 올림픽에서 월계관을 썼다. 그 이전 그의 성적은 1991년 동아 국제마라톤 3위(2시간 12분 35초), 1991년 셰필드 유니버시아드 우승(2시간 12분 40초), 1992년 벳부 오이타 마라톤 2위(2시간 8분 47초)가 전부다. 5000m급 산봉우리를 3번 오른 뒤 단 한 번 만에 에베레스트(8850m) 정상을 훌쩍 밟은 셈이다. 손기정 선생이 생전에 황영조를 두고 "백년에 한번 나올까 말까 한 물건인데, 계속했더라면 올림픽 3연패는 문제없는데……."라며 탄식했던 것도 바로 이런 이유 때문이다. 황영조는 1996년 풀코스 8번째 완주를 끝으로 무대를 떠났다.

49초 1로 1위를 차지한 데 이어 1만m에서도 가볍게 우승(30분 35초)했다. 그의 기세는 하늘을 찌를 듯했다.

당시 이봉주는 천안 광천고 3학년생이었다. 어찌어찌 충남 대표로 나왔지만 그를 눈여겨보는 사람은 아무도 없었다. 1만m에서 간신히 3위(30분

52초)로 턱걸이 했다. 1위 황영조와는 17초 뒤졌다. 거리로는 92.64m 차.

그때까지 이봉주는 광천고 2학년 때 경호역전 충남 대표로 나가 청주 구간에서 구간 상을 한번 탄 것을 빼고는 내세울 게 별로 없었다. 만약 고3 시절 마지막 대회인 전국체전에서 3위 이내에 들지 못했더라면 진로가 어찌됐을지 모른다.

그해 황영조는 전국시도대항 5000m, 전국고교대항역전경주, 전국고교구간마라톤대회 등 나가는 곳마다 맨 먼저 들어왔다. 1989년 12월에는 일본 호후시에서 열린 10km 단축마라톤에서 일본 고교 장거리 1인자 와타나베를 가볍게 제치고 우승까지 해버렸다. 일본에서는 '도대체 황영조가 누구냐'며 난리가 났다.

1989년 광천고 졸업을 앞둔 이봉주는 답답했다. 일단 전국체전 3위에 들어 길은 트였지만 실업팀이 아니라 대학에 가서 공부를 하고 싶었다. 하지만 학비가 걱정이었다. 그의 실력으로는 어느 대학에서도 특기자 혜택을 주려고 하지 않았기 때문이다. 결국 이봉주는 서울시청팀을 택했다. 월급은 적지만 야간에 서울시립대학 무역학과를 다닐 수 있는 조건이었기 때문이다.

1990년 서울시청에 입단한 이봉주는 본격적으로 마라톤 훈련을 시작했다. 그리고 평생 처음으로 그해 10월 전국체육대회에서 풀코스를 달렸고, 2위(2시간 19분 15초)로 골인했다.

1990년 코오롱에 입단한 황영조는 역시 거칠 것이 없었다. 1991년 3월 동아마라톤에서 첫 마라톤 풀코스를 뛰었는데도 깜짝 3위(2시간 12분 35초)를 차지하며 정봉수 감독의 기대를 한 몸에 받았다. 두 번째 풀코스 도전이었던 7월 하계유니버시아드대회에서는 보란 듯이 우승(2시간 12분

40초)까지 해버렸다. 이 대회에서는 푹푹 찌는 날씨에, 안내원 실수로 코스를 100여m나 더 달렸는데도 황영조는 여유만만이었다

한국 마라톤 중흥의 대부, 정봉수 감독

1994년 당시 이봉주가 입단한 코오롱 팀은 '한국 마라톤의 대부' 정봉수 감독(1935~2001)이 이끌고 있었다. 성격이 불같아서 선수들은 그를 '독사 조련사'라고 부르며 정 감독의 말이라면 꼼짝 못했다. 정 감독은 태극마크 한번 달아보지 못한 무명의 단거리 선수 출신이다. 1953년 한국전쟁 때 군에 입대해 장기 하사로 근무하며 육군 원호단(상무 육상팀) 감독을 역임했다. 1987년 코오롱 마라톤 팀 창단 감독이 된 이래 김완기, 황영조, 이봉주를 발굴해 2시간 12분대에 머물던 한국 마라톤을 2시간 7분 20초로 끌어올렸다. 그뿐이 아니다. 황영조의 바르셀로나 올림픽 제패와 히로시마 아시안게임 제패, 이봉주의 애틀랜타 올림픽 2위, 방콕 아시안게임 우승을 빚어냈다.

    정 감독은 24시간 내내 마라톤밖에 모르는 사람이었다. 한마디로 마라톤에 미친 사람이라고 할 수 있다. 그에게 선수들은 자식이나 똑같았다. 단 1분 1초도 선수들과 떨어지지 않았다. 선수들과 늘 숙소에서 같이 밥 먹고, 같이 잠을 잤다. 선수 개개인의 성격, 취미, 잠버릇에서부터 뭘 잘 먹고 잘 안 먹는 것까지 샅샅이 꿰고 있었다. 선수들 눈빛만 봐도 그들이 뭘 생각하고 있는지 알아챌 정도였다.

결국 이것이 1996년 황영조가 은퇴하게 된 원인 중 하나가 됐다. 훗날 이봉주가 팀을 뛰쳐나오게 된 것도 마찬가지이다. 나이 서른에 일일이 간섭을 받는 것에 이봉주는 숨 막힐 듯 답답해했다. 혈기왕성한 선수들과 정 감독의 궁합이 잘 맞지 않은 것이다.

기자들이 간혹 정 감독에게 다 큰 선수들의 사생활까지 지나치게 참견하는 게 아닌가 물으면 정 감독은 단호하게 고개를 흔들었다.

"마라톤이란 남들처럼 친구들과 어울린다든가 아니면 다른 데 신경 쓰면서 할 수 있는 한가한 운동이 아니다. 하루를 놀면 원래 수준까지 가기 위해 일주일 강훈련을 해야 한다. 나도 다 큰 선수들에게 독종이란 소리를 들어가며 이렇게 하고 싶지 않다. 그러나 내가 선수들을 24시간 관리하지 않으면 선수들의 경기력이 뚝 떨어진다. 그래서 난 선수들이 잠자리에 드는 걸 보고 나서야 비로소 안심하고 잘 수가 있다."

정 감독은 아무리 자질이 뛰어난 선수라도 연습에서 예외를 인정하지 않았다. 당연히 마라톤 천재 황영조도 상상을 초월하는 강훈련을 견뎌내야 했다. 황영조는 후에 "훈련 중에 자동차가 지나가면 그 바퀴 밑으로 뛰어 들고 싶었다."고 말했다.

정 감독의 '마라톤 지도자론'은 3가지로 간단하게 요약할 수 있다. 첫째, 마라톤에서 가장 중요한 것은 불굴의 정신력이다. 둘째, 교과서대로 지도하는 지도자는 지도자가 아니다. 각 선수에게 맞는 훈련 방법을 개발해야 한다. 셋째, 지도자는 선수에게 절대 끌려 다녀서는 안 된다.

정 감독은 이봉주의 성실성에 내심 흡족해했다. 평소 기자들과 이야기할 때도 이봉주 칭찬을 많이 했다.

"훈련에 임하는 이봉주를 보면 나는 아주 흡족하다. 내성적인 성격 탓인지 모르지만 겉으로 드러내는 불만이 거의 없다. 훈련 자체를 즐거워하는 걸 보면 2000년 시드니 올림픽 때는 꽃을 피울 것 같다. 또한 코오롱에 입단한 후배 김이용이 함께 훈련을 하니 이봉주도 한결 든든하리라 생각한다. 김이용은 지난 1996년 동아마라톤에서 건국대 학생 신분으로 황영조를 꺾고 3위에 입상한 실력파다."

하지만 이봉주의 속은 부글부글 끓고 있었다. 그는 방황했고 술도 자주 마셨다. 가끔 팀을 이탈해 정 감독으로부터 심한 질책도 들었다. 크고 작은 부상까지 이어졌다. 이때 그의 마음을 잡아준 사람은 아내가 된 김미순 씨였다.

정 감독이 가장 가슴 아파하고 충격을 받았던 것은 1996년 황영조의 은퇴와 1999년 이봉주가 자신의 품을 떠났을 때였다. 자식 같은 선수를 잃는다는 허탈감에 건강도 무척 나빠졌다. 하지만 그때도 정 감독은 겉으로는 담담했다. "또 키우면 되지 뭐." 그 말뿐이었다. 그리고 임진수, 김옥빈 등 젊은 선수들을 뽑아 신발 끈을 다시 조였다. 그리고 말했다. "정말 큰일이야. 아무리 눈 씻고 봐도 황영조나 이봉주 같은 아이들이 안 보여. 어떻게 쏘아올린 한국 마라톤인데……. 아시안게임과 올림픽을 제패했으니 이제 남은 건 세계최고기록이야. 정말 그거 한번 하고 눈을 감고 싶은데……."

정 감독은 2001년 7월 5일 오랫동안 시달려 온 당뇨와 간염으로 눈을 감았다. 필자가 정 감독을 마지막으로 만난 것은 그해 3월 동아서울국제마라톤에서였다. 불편한 몸을 이끌고 현장에 나와서도 온통 한국 마라톤 장래에 대한 걱정뿐이었다. 몸이 어떤지 묻자 "글쎄, 마라톤 생각할 때는 아픈 것도 잘 느끼지 못하는데……."라며 맑고 그윽한 눈으로 먼 하

정봉수 감독의 선수 감별법-생전 고백

황영조를 처음 봤을 때 '이건 물건이다'라는 생각이 번쩍 들었다. 눈이 반짝반짝 빛나고 가슴이 두껍고 하체가 발달해 금방이라도 데려다 키우고 싶은 마음이 굴뚝같았다. 마침 소속 학교인 강릉명륜고 교장선생님이 손수 찾아와 황영조를 한번 키워달라고 부탁했다. 그러나 황영조가 '사범대학에 진학해 교사가 되고 싶다. 부모님도 반대하신다.'며 완강히 버텼다. 어릴 때는 부모님보다 선생님이 더 위대해 보였다며 끄덕도 하지 않았다.

난 애가 닳았다. 황영조는 고교 시절 단연 군계일학이었다. 1989년 12월 일본에서 열린 10km 단축 마라톤에서 일본 고교1인자 와타나베를 가볍게 제치고 우승했다. 한국 육상계는 황영조를 잡기 위해 모두 몸이 달았다. 난 황영조의 고향인 삼척의 한 어촌으로 날아가 그의 부모와 만났다.

"황영조는 마라토너가 지녀야 할 모든 신체적 조건이 완벽합니다. 제게는 세계적인 마라토너를 키워낼 체계적 프로그램이 마련되어 있습니다. 저에게 아드님을 맡겨주십시오. 반드시 좋은 성적으로 보답하겠습니다."

결국 황영조의 어머니가 큰 힘이 되었다. 아버지는 황영조의 뜻을 존중해 주려는 눈치였다. 그러나 어머니 이만자 씨는 달랐다.

"정 감독님, 영조를 잘 부탁드립니다. 그리고 영조야, 공부에는 때가 있는 법이지만 공부는 천천히 해도 된다. 너는 우선 마라톤으로 세계에 이름을 떨쳐라."

난 그날로 황영조를 숙소로 데려와 지옥 훈련을 시키기 시작했다. 황영조는 삼척 해변 모래사장에서 뛰놀며 컸기에 체력이 뛰어났다. 심장도 해녀였던 어머니를 닮아 일반인보다 월등히 뛰어났다. 게다가 중학교 3년 동안 사이클 선수를 한 덕분에 오르막길과 막판 스퍼트에 강했다.

황영조는 1991년 7월 여름 영국 셰필드에서 열린 유니버시아드대회에서 코스를 100m 이상 더 달리는 해프닝을 벌이고도 2시간 12분 40초로 우승했다. 그것이 황영조 영광의 시작이었다.

늘을 바라봤다.

정 감독이 눈을 감자 황영조는 "선수 때는 잘 몰랐는데 직접 지도자 생활을 해보니 감독님의 고충을 조금이나마 이해하겠다. 부모를 잃은 자식의 심정이다. 선수 때는 특유의 강도 높은 훈련이 너무 힘들어 도망치기도 하고 반발했지만 그분이야말로 마라톤밖에 모르는 진정한 한국 마라톤의 대부였다."고 말했다.

이봉주는 마침 세계 선수권에 참가하기 위해 캐나다 애드먼턴으로 떠나는 날이었다. 이봉주는 빈소에 들러 한참 동안 고개를 숙이며 뜨거운 눈물을 흘렸다.

"더 좋은 선수로 성장해 찾아뵙고 싶었는데 이렇게 갑자기 돌아가시다니 면목이 없다. 나로 인해 건강이 악화됐다고 들었는데 정말 죄송하다. 정 감독님은 무명인 내가 세계적인 선수가 될 수 있도록 기틀을 마련해 주셨다. 내가 서른이 넘도록 선수 생활을 계속할 수 있는 것은 모두 감독님으로부터 배운 마라톤에 대한 끝없는 집념과 열정 때문이다."

3부

종목을
즐기기 위해
알아두면 좋은
육상 잡학 소사전

기록도, 순위도, 겉모습도, 다른 사람이 어떻게 평가하는가도,
모두가 어디까지나 부차적인 것에 지나지 않는다.
달리는 사람에게 가장 중요한 것은 하나하나의 결승점을
내 다리로 확실하게 완주해 가는 것이다. 혼신의 힘을 다했다,
참을 수 있는 한 참았다고 나름대로 납득하는 것에 있다.

―무라카미 하루키, 일본 작가

Chapter 01
출발과 도착 사이의 규칙

 **출발 구령은?**

1. "On Your Marks!(제 자리에)"
2. "Set!(차렷)"
3. "탕!(신호총)"

"On Your Marks!" 구령에 따라 선수는 양손과 함께 적어도 한쪽 무릎은 지면에 닿아야 한다. 양발은 스타팅 블록에 접촉한 상태로 자세를 취해야 한다.

"Set!" 구령에 따라 선수는 즉시 양손을 지면에 대고 양발은 스타팅 블록 발판에 닿은 상태로 최종 스타트 자세를 취해야 한다.

피니시(The Finish)

   선수의 순위는 동체(胴體)가 가장 먼저 닿는 것을 기준으로 한다. 동체란 사람의 몸에서, 머리, 목, 팔, 다리, 손, 발을 제외한 몸 가운데 부분을 말한다. 즉 두 선수가 한 선수는 가슴이, 한 선수는 머리가 동시에 피니시 라인에 닿았다면 당연히 가슴이 닿은 선수가 앞선 것으로 판정한다.

트랙

 육상 트랙은 육상 선수들의 요람이다. 선수들은 그 요람에서 찧고 까불며 논다. 요람이 좋으면 더 빨리 달릴 수 있다. 더 멀리 뛰거나, 더 높이 뛸 수도 있다. 옛날 인간들의 놀이터는 먼지 폴폴 나는 맨땅이었다. 비가 오면 질퍽질퍽한 진창에서 놀 수밖에 없었다.

 1896년 제1회 올림픽이 열린 그리스 아테네 주경기장 트랙은 400m가 아닌 333m 33cm였다. 그만큼 곡선주로에서의 커브가 지금보다 급했다. 곡선주로를 누가 더 잘 달리느냐에 따라 순위가 결정됐다. 트랙을 2바퀴 이상 돌 수밖에 없었던 800m, 1500m 경주는 코너워크를 잘하는 선수가 단연 유리했다. 요즘 빙상 쇼트트랙(111.12m) 경기에서의 코너워크와 비교해보면 금세 고개가 끄덕여진다.

 육상 트랙은 400m 타원형이다. 8개 레인으로 돼 있으며, 각 레인의 폭은 1.22m이다. 레인과 레인 사이는 너비 5cm의 백선으로 구분된다.

 한 바퀴는 80m 직선주로 2개(홈스트레치+백스트레치)와 반지름 37.898m의 곡선주로(120m) 2개로 이루어지지만 정확하게 400m인 것은 1레인뿐이다. 바깥쪽으로 갈수록 한 바퀴당 각각 7.664m~7.666m씩 길어진다. 2레인 407m, 3레인 414m, 4레인 422m, 5레인 430m, 6레인 437m, 7레인 445m, 8레인 453m(이상 소수점 이하 버림)가 된다.

 결국 각 레인의 길이가 다르므로 200m, 400m, 800m 선수들은 출

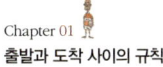

발선이 계단식으로 이루어진다. 200m의 경우 2레인 선수의 출발선이 1레인보다 3.5m 앞에 있다. 이런 식으로 3~8레인 선수도 출발선이 각각 3.6m에서 최대 4m까지 앞에 있게 된다.

400m 출발선은 2~8레인까지 각각 7~8m씩 앞에 있다.

800m는 트랙 두 바퀴를 돈다. 하지만 출발선으로부터 120m 지점부터는 오픈코스(open course)다. 모든 선수들이 자신의 주로를 벗어나 가장 안쪽인 1레인으로 파고드는 것이 허용된다. 따라서 출발선 이격거리를 400m의 반으로 정했다. 2레인이 1레인보다 3.5m 앞에 있으며 3~8레인도 각각 4~4.4m의 격차가 있다.

선수들은 주어진 레인 즉 세퍼레이트 코스(separate course)를 달려야 한다. 자신의 주로를 이탈하면 기록은 무효다. 레인 배정은 예선순위에 따라 정해진다. 기록이 좋은 선수들이 3~6번 레인을 차지한다. 3~6번 레인은 100m의 경우 가운데 몰려 있는 선수들끼리 경쟁심리가 좋은 기록을 유도한다. 곡선주로 120m를 먼저 달려야 하는 200m의 경우, 3~6번 레인은 원심력과 구심력이 균형을 이룰 수 있어 기록 향상에 도움을 준다.

트랙 경기 결승전은 특별한 경우를 제외하고는 8명이다. 예선 기록 1,2,3,4위의 4명을 3,4,5,6레인에 먼저 추첨으로 배정하고, 그다음 예선 순위 5,6위를 추첨으로 7,8레인에 배정한다. 맨 나중에 7,8위도 추첨으로 1,2레인에 배정한다. 결국 1,2레인이 가장 불리하다는 것을 알 수 있다.

트랙 경기 중 200m 예선은 반드시 45분을 쉰 후 속개되어야 한다. 400m, 800m는 90분을 쉬어야 한다. 1000m를 초과하는 레이스는 하루에 2번 진행할 수 없다.

볼트가 석탄 트랙에서 뛰었다면?

2011년 대구 세계육상선수권대회 조직위원회는 2010년 12월 17일 18억 원을 들여 2001년 설치했던 우레탄 트랙을 복합탄성고무인 몬도 트랙으로 교체했다. 몬도 트랙은 국제육상경기연맹(IAAF)이 권장한 것이다.

이탈리아의 트랙 전문 제조회사인 몬도에서 만든 이 트랙은 선수들이 트랙을 밟을 때 쏟는 지압의 최대량을 그대로 돌려주는 방식으로 설계된 것이 특징이다. 세계 1100곳 이상 대형 운동장에 깔려 있다. 세계신기록이 230차례 이상 나왔다. 세계육상선수권대회에서도 1995년 예테보리 대회부터 2005년 헬싱키 대회까지 6회 연속 사용됐다. 올림픽에서는 1988년 서울 올림픽을 제외하고 1976년 몬트리올 올림픽부터 2008년 베이징 대회까지 계속 주경기장 트랙으로 쓰였다. 2012년 런던 올림픽에서도 같은 재질의 트랙이 깔린다. 몬도 트랙에서 뛰었던 선수들은 '마법의 양탄자', '하늘 위를 나는 기분'이라고 말한다.

베이징 올림픽 주경기장 궈자티위창(國家體育場)에 깔린 것도 몬도 트랙이다. 이 트랙에서 '인간 탄환' 우사인 볼트가 100m(9초 69), 200m(19초 30), 400m 계주(37초 10)에서 잇달아 세계신기록을 쏟아냈다.

대구 트랙의 또 다른 특징은 우리가 흔히 보는 적갈색 트랙이 아닌 청색 트랙이라는 점이다. 한국에서 청색 트랙이 설치된 것은 대구 주경기장이 처음이다. 청색 트랙은 선수들의 집중도를 높일 수 있고 산뜻해 기분을 차분하게 한다. TV를 보는 시청자 눈의 피로도 덜어준다. 조직위는 주경기장의 밝기도 IAAF 기준(1800룩스)보다 더 높여 2250룩스로 만들었다. 전광판 크기도 1.5배로 키우고 선명도를 높였다.

2009년 베를린 세계육상선수권대회가 열렸던 베를린 올림피아 슈타디온 트랙도 파랗다. 이곳은 독일 프로축구 헤르타 베를린의 홈구장이기도 하다. 2004년 개보수를 마치면서 헤르타 베를린의 상징 색깔에 맞춰 트랙을 청색으로 바꿨다. 이 트랙은 독일 회사 BSW가 제작한 '레구폴 콤팩트'이다. 국제육상경기연맹(IAAF)으로부터 1급 인증을 받았다. 대구가 그것을 벤치마킹했다고 할 수 있다. 2002년 부산 아시안게임이 열렸던 아시아드 주경기장에도 이 트랙이 깔렸다.

레구폴 콤팩트는 아스팔트 위에 탄성이 좋은 폴리우레탄을 세 장 깔고 그 위를 이중합성고무로 코팅해 탄력을 극대화시켰다. 기본 매트와 그 위를 둘러싼 이중합성고무까지 합쳐 총 두께는 13mm다. 푹신한 트랙 덕분인지 볼트를 비롯해 100m 결승을 뛴 상위 5명이 9초 93 이하로 들어왔다.

1960년대까지의 육상 트랙은 앙투카(en-tout-cas) 포장이었다. 앙투카 포장은 점토를 고온에서 구운 뒤, 그것을 가루로 빻아 포장한 것이다. 바닥이 맨땅보다 단단해 마찰력이 좋을뿐더러, 비가 왔을 때 물이 잘 빠진다. 당시 정구 코트에서 많이 쓰던 것을 육상 트랙으로 받아들인 것이다. 앙투카는 프랑스어로 '모든 경우에'란 뜻이다. 비가 오든, 눈이 오든, '어느 상황에서라도 달릴 수 있다'라는 뜻이다. 하지만 탄성이 거의 없어 딱딱하다. 무릎에 부담이 많은 게 흠이다.

1968년 멕시코시티 올림픽 때 처음으로 인공 소재 트랙이 등장했다.

미국 3M사가 만든 우레탄 트랙이 그것이다. 앙투카 트랙보다 마찰력이 더 좋고 반발력이 뛰어나다. 전천후성은 말할 것도 없다. 멕시코시티 올림픽 육상 개인 종목에서 세계신기록이 무려 9개가 나온 것도 그 영향이 컸다고 할 수 있다. 물론 무더기 세계신기록은 멕시코시티가 해발 2240m의 고지대라는 점이 가장 크게 작용했을 것이다. 공기 밀도가 평지의 70%밖에 되지 않기 때문이다. 이것은 평지보다 기록이 30% 정도 더 좋아진다는 것을 뜻한다.

인공 소재 트랙은 과학이 발전함에 따라 점점 더 좋아졌다. 1991년 도쿄 세계선수권대회에서 전천후 우레탄 고속 트랙이 처음 선보였다. 역시 100m 남자 결승에서 6명의 선수가 9초대를 기록했다.

요즘 인공 소재 트랙은 복합탄성고무 트랙이냐 아니면 폴리우레탄 트랙이냐 두 가지로 나뉜다. 복합탄성고무 트랙은 표면이 탄성고무 성질이라 탱탱 튄다. 스파이크 밀림 현상이 저어 속도 내기에 안성맞춤이다. 폭발적인 스퍼트에 유리하다. 단거리 선수들이 좋아할 수밖에 없다. 하지만 무릎에 지면의 충격이 그대로 흡수된다. 장거리 선수들은 무릎에 피로가 쌓여 불리하다.

폴리우레탄 트랙은 표면이 우레탄이라 충격을 잘 흡수한다. 중장거리 선수들에게 좋다. 피로도가 그만큼 덜하다. 하지만 단거리 선수들의 스피드에는 불리하다.

아르민 하리(독일)는 1960년 인류 최초로 남자 육상 100m에서 10초00을 찍고 그해 로마 올림픽에서 금메달을 땄던 단거리 스타이다. 하리는 2009년 볼트가 세계신기록을 낸 직후 "볼트가 나와 동시대에 뛰었다면 9초대 진입이 어려웠을지 모른다. 196cm에 달하는 볼트의 키와 몸무게를 볼 때 석탄 재질의 트랙에서 징이 4cm에 달하는 스파이크화를 신고 그런 기록을 낼 수는 없었을 것."이라고 말했다.

아르민 하리 당시에는 탄성이 거의 없어 딱딱하기만 한 석탄 재질 트랙에서 뛰었다. 앙투카 트랙은 그 뒤에 나왔다. 석탄 트랙에서는 징이 긴 스파이크를 신어야 땅에 발이 박히지 않고 나아갈 수 있다. 그만큼 속도가 늦어진다.

육상 트랙 경기는 왜 '시계반대방향'으로 돌까?

1896년 제1회 아테네 올림픽(파나다나코스 경기장) 육상 트랙 경기에서 선수들은 시계방향으로 달렸다. 1906년 아테네에서 중간올림픽이 열렸을 때도 시계방향으로 달렸다. 초창기 한국 육상도 마찬가지였다. 1913년 국제육상연맹 총회는 "모든 육상 트랙 경기의 달리는 방향은 왼쪽(시계반대방향)으로 한다."고 규정했다. 그러나 당시 한국 육상은 한동안 여전히 오른쪽 방향으로 트랙 경기를 치렀다.

외국인학교 교사들이 "시계반대방향으로 달려야 한다."고 아무리 설명해도 소용없었다. 전통적으로 오른쪽을 숭상하고 왼쪽을 천대했던 양반들 때문이었다. 당시 외국인학교 학생들은 대부분 뼈대 높은 양반들 자제였던 것이다. 외국인 교사들은 어쩔 수 없이 현지 관습에 따를 수밖에 없었다.

현대 모든 육상 트랙 경기는 시계반대방향으로 달린다. 경마장의 경주마도 왼쪽으로 돈다. 군대 열병식도 시계반대방향으로 한다. 오른쪽으로 돌면 뭔가 이상하다. 실제 육상 기록도 오른쪽으로 돈 기록보다, 왼쪽으로 달린 경기가 더 좋다.

1896년 제1회 아테네 올림픽 때 오른쪽으로 트랙 경기를 치렀던 선수들은 대회조직위원회에 거세게 항의했다. "어쩐지 달리기에 어색하고 불편할뿐더러 기록도 잘 나오지 않는다."고 불만을 쏟아냈다. 선수들은

"1170년 동안이나 열렸던 고대올림픽(기원전 776~기원후 394)에서도 시계반대방향으로 달렸다."며 규정 변경을 요구했다. 결국 국제육상연맹도 이에 따를 수밖에 없었다.

왜 인간은 시계반대방향으로 달리는 걸 선호할까. 학자들은 그 이유를 여러 가지로 설명한다. 우선 지구 자전에 따른 인간 본능설이다. 전문가들은 "야생마나 경마장의 경주마 혹은 경주견조차 본능적으로 늘 시계반대방향으로 돈다."며 인간도 마찬가지라고 말한다.

지구는 하루에 한 번씩 돈다. 자전축을 중심으로 서쪽에서 동쪽 방향으로 자전한다. 물론 인간은 지구가 도는 것을 직접 느끼지는 못한다. 하지만 본능적으로 그것을 몸으로 안다는 것이다. 누가 가르쳐주지 않아도 지구처럼 시계반대방향으로 돌게 돼 있다는 것이다.

본능설을 주장하는 사람들은 그 좋은 예로 군인들이 사열할 때 왼쪽에서 오른쪽으로 행진하는 것을 든다. 구령도 "우로 봐!"는 있어도 "좌로 봐!"는 없다는 것이다. 관중들 입장에서도 '글을 왼쪽에서 오른쪽으로 읽는 것'처럼 '선수들의 움직임을 왼쪽에서 오른쪽으로 보는 게 훨씬 더 자연스럽다'는 것이다. 고개가 끄덕여진다. 가만히 보면 빙상, 사이클, 야구 베이스도 시계반대방향으로 돈다. 만약 야구 베이스를 시계방향으로 돈다면 달리는 선수나 보는 관중이나 불편할 것이 틀림없다.

생리학적으로 설명하기도 한다. 인간의 심장이 왼쪽에 있기 때문에 달릴 때 심장이 트랙 안쪽에 있어야 한다는 이론이다. 오른쪽으로 돌면 심장이 트랙 바깥쪽에 있게 돼 불안하고 몸의 균형이 맞지 않는다는 것이다. 오른쪽 방향으로 달렸을 때 뭔가 어색하게 느껴지는 것은 바로 그 이유라는 것이다. 몸의 밸런스가 맞지 않으면 기록이 나빠지는 건 당연하다.

 오른손잡이가 많기 때문이라는 설도 설득력이 있다. 오른손잡이는 오른발, 왼손잡이는 왼발이 발달한다. 트랙 곡선주로를 달릴 땐 곡선 안쪽으로 몸을 기울여야 한다. 그때 속도를 그대로 유지하려면 안쪽 팔다리는 작게, 바깥쪽 팔다리는 크게 움직여야 한다. 그만큼 바깥쪽 팔다리(오른손잡이)가 발달해야 한다.

 오른손잡이로선 버팀이 되는 왼쪽으로 도는 게 자연히 속도를 높일 수 있다. 시계반대방향으로 돌아야 커브 바깥쪽에 있는 오른팔을 활발하게 흔들 수 있어 기록이 더 좋아진다.

스타팅 블록(Starting Blocks)

스타팅 블록은 단거리 선수가 출발할 때 딛고 출발하는 벽돌을 말한다. 일종의 발 디딤판이다. 그 전까지는 블록 대신 땅을 파고 출발했는데 1927년 미국의 한 대학생이 스타팅 블록을 발명한 것이다. 처음에는 몇몇 선수들이 그 대학생을 따라 쓰던 것이 점점 널리 퍼지게 됐다. 100야드 달리기에서 블록을 쓴 선수가 블록을 쓰지 않은 선수보다 약 0.03초 빠르다는 것이 입증됐기 때문이다. 전미대학체육협회(NCAA)와 국제육상경기연맹(IAAF)은 '공정성' 위배를 이유로 한동안 스타팅 블록 사용을 금지했다. 국제육상경기연맹이 스타팅 블록 사용을 허용한 것은 1939년부터이다. 올림픽에서는 1948년 런던 올림픽부터 공식 사용했다.

현재는 400m까지의 모든 레이스(4×400m의 제1구간, 800m 장애물경기 포함)에서는 반드시 스타팅 블록을 사용해야 한다. 그 외의 레이스에서 사용해서는 안 된다. 선수에 따라 개인용 스타팅 블록을 쓸 수 있지만 국제육상경기연맹 규정에 맞아야 한다.

스타팅 블록은 선수가 스타트 자세에서 발을 얹는 두 개의 발판으로 이루어져 있다. 발판은 부정출발 자동 발견 장치와 연결돼 있다. 즉 출발 신호가 난 후 0.1초 이내에 스타팅 블록에서 발을 떼면 자동으로 부정출발로 체크가 된다. 의학적으로 인간의 뇌는 0.1초 이내에 신경반응을 할 수 없다고 보기 때문이다. 국제육상연맹은 2010년부터 부정출발을 아예 금지했다. 누구든 출발 신호 후 0.1초 이내에 출발하게 되면 부정출발로 인정돼 바로 실격된다.

출발 자세

 1896년 그리스 아테네에서 열린 제1회 근대올림픽 육상 100m 경기는 요즘 같으면 동네운동회나 마찬가지였다. 출발선상의 선수들 자세도 제각각이어서 웃음이 절로 난다. 5명이 겨룬 예선 경기를 보면 요즘같이 크라우칭(Crouching) 자세를 취한 선수는 단 한 명, 우승자인 미국의 토머스 버크 선수(1875~1929)뿐이다. 다른 선수들은 서 있거나 약간 등을 구부리거나 무릎을 구부리고 있다. 시골 운동회 때 주먹을 쥔 채 몸을 약간 앞으로 구부려 출발자세를 취하고 있는 어린이들과 비슷하다.

 크라우칭 자세는 1887년 미국 예일 대학의 육상 코치 마이클 머피가 고안한 것이다. 1912년 스톡홀름 올림픽부터 모두가 크라우칭 자세로 출발했다. 현대 육상에서는 400m(4×400m와 4×200m 릴레이 첫 구간 포함)까지의 레이스에서는 의무적으로 크라우칭 스타트를 해야 한다.

가슴과 등에 번호표를 반드시 붙여야 한다

　모든 선수는 가슴과 등에 번호표를 반드시 붙여야 한다. 단 높이뛰기와 장대높이뛰기 선수는 한쪽에만 번호표를 붙여도 무방하다. 높이뛰기 선수나 장대높이뛰기 선수는 등이나 배 중 한쪽으로 바를 넘기 때문이다. 행여 번호표가 바에 걸려 바가 떨어질 수 있으므로 바에 걸리지 않는 쪽에 번호표를 붙이라는 뜻이다.

100m를 맨발로 달려도 문제없다

　모든 선수는 단거리든 장거리든 맨발로 달려도 아무 문제 없다. 한쪽은 맨발 다른 쪽은 신발을 신고 달려도 규정에 위반되지 않는다. 1960년 로마에서 아베베가 맨발로 달려서 우승했다. 남아공 출신의 영국 중거리 선수 졸라 버드(1967~)도 '맨발의 소녀'로 유명했다.

　신발 밑창의 스파이크 수는 11개를 초과할 수 없다. 스파이크 길이는 9mm를 초과할 수 없다. 단 높이뛰기와 창던지기 선수의 신발 스파이크 돌출 길이는 12mm까지 허용된다.

바람

육상 경기에서 바람의 영향은 얼마나 될까. 만약 단거리 선수의 등 뒤에서 초속 2m의 강풍이 불어준다면? 당연히 기록이 좋아질 것이다. 일본의 고바야시 교수는 가령 100m를 10.23초로 달리는 선수가 초속 2m의 바람을 뒤에서 받으면 0.18초 정도 기록이 단축된다고 주장했다.

1936년 국제육상경기연맹은 앞바람이든 뒤바람이든 어디서 불든지 초속 2m까지의 바람은 무시하겠다고 결정했다. 초속 2m가 넘지 않게 부는 곳에서의 경기 기록은 모두 인정하겠다는 것이다. 바람이 초속 2m가 넘으면 모든 기록이 인정되지 않는다. 비공인 기록이 되는 것이다.

Chapter 02
종목과 **기준** 기록

국제육상경기연맹(IAAF)

　국제육상경기연맹(IAAF)은 1912년 17개국이 참여한 가운데 스웨덴 스톡홀름에서 창설됐다(국제축구연맹(FIFA)은 1907년). 영어 풀네임은 'International Association of Athletics Federations'이다. 육상 경기는 'Athletics'가 기원이지만 오늘날에는 보통 'Track & Field'로 쓴다. 국제육상경기연맹 본부는 런던에 있다가 1993년 모나코로 이전했다. 2011년 1월 현재 회원국은 213개국이다.

　세계축구선수권대회 월드컵은 1930년에 창설됐지만 세계육상선수권대회는 1983년 핀란드 헬싱키에서 첫 대회가 열렸다. 한마디로 1983년 전까지는 올림픽이 유일한 공식 세계선수권대회였다.

세계육상선수권대회는 처음에는 4년마다 열렸으나 1991년 이후 2년마다 홀수 해에 열린다. 세계 3대 스포츠 빅 이벤트가 '올림픽-세계육상선수권-월드컵-세계육상선수권-올림픽'의 순으로 판이 짜인 것이다. 결국 세계육상선수권이 올림픽 이듬해와 올림픽 한 해 전, 이렇게 올림픽을 사이에 두고 두 번 열린다. 2011년 대구 대회는 13번째 열리는 대회로 1년 뒤 런던 올림픽의 전초전이 되고 세계 육상의 판도를 읽을 중요한 대회다.

대구 세계육상선수권대회는 8월 27일부터 9월 4일까지 9일 동안 열린다. 212개국 7,000여 명(선수 임원 3,500여 명, 기자단 3,500여 명)이 참가할 것으로 예상된다. 종목은 47개다(남자 24개, 여자 23개.).

회차	연도	도시	일정	종목	참가국	참가 선수
1	1983	Helsinki(핀란드)	8. 7 ~ 8. 14	41	153	1,335
2	1987	Rome(이탈리아)	8. 28 ~ 9. 6	43	157	1,741
3	1991	Tokyo(일본)	8. 23 ~ 9. 1	43	164	1,551
4	1993	Stuttgart(독일)	8. 1 ~ 8. 22	44	187	1,689
5	1995	Gothenburg(스웨덴)	8. 5 ~ 8. 13	44	191	1,804
6	1997	Athens(그리스)	8. 1 ~ 8. 10	44	198	1,882
7	1999	Seville(스페인)	8. 20 ~ 8. 29	46	202	1,854
8	2001	Edmonton(캐나다)	8. 3 ~ 8. 12	46	189	1,677
9	2003	Paris(프랑스)	8. 23 ~ 8. 31	46	198	1,679
10	2005	Helsinki(핀란드)	8. 6 ~ 8. 14	47	191	1,688
11	2007	Osaka(일본)	8. 24 ~ 9. 2	47	197	1,803
12	2009	Berlin(독일)	8. 15 ~ 8. 23	47	200	1,894
13	2011	Daegu(한국)	8. 27 ~ 9. 4			
14	2013	Moscow(러시아)	8. 10 ~ 8. 18			

기준 기록

월드컵 본선은 바늘구멍이다. 나가고 싶다고 해서 모두 나갈 수 있는 것이 아니다. 치열한 예선을 통과해야 한다. 본선에 나간 32개국은 어디 하나 만만한 팀이 없다. 올림픽이나 세계선수권대회도 마찬가지이다. 어느 종목이든 일정한 예선을 통과해야 나갈 수 있다.

세계육상선수권도 마찬가지이다. 일정한 기록을 넘지 않으면 아예 명함조차 내밀 수 없다. 2011년 대구 세계육상선수권대회도 출전 기준이 있다. 국제육상경기연맹(IAAF)은 2010년 12월 집행위원회 회의를 열고 제13회 대구 대회 47개 세부 종목 기준 기록을 발표했다.

이에 따르면 남자 100m A 기준 기록은 10초 18, B 기준 기록은 10초 25다. 남녀 마라톤은 각각 2시간 17분 00초와 2시간 43분 00초 이내에 들어온 선수만 대회에 참가할 수 있다. 각 종목 선수들은 2010년 10월 1일부터 대회 직전인 2011년 8월 15일까지 작성한 기록 중 A 또는 B 기준 기록 안에 들어야 대구 세계선수권대회에 나설 수 있다. 단 1만m와 마라톤, 혼성경기, 경보, 계주 경기는 기록 시점이 2010년 1월 1일부터로 소급 적용된다.

개최국 한국은 각 종목에서 기준 기록을 넘은 선수가 하나도 없더라도 개최국 어드밴티지로 해당 종목별 1명 또는 1팀씩 출전할 수 있다.

IAAF가 기준 기록을 A와 B로 나눈 이유는 나라별로 출전 선수를 제

2011 대구 세계육상 선수권대회 종목별 기준 기록

남자		종목	여자	
A 기준	B 기준		A 기준	B 기준
10초 18	10초 25	100m	11초 29	11초 38
20초 60	20초 70	200m	23초 00	23초 30
45초 25	45초 70	400m	51초 50	52초 30
1분 45초 40	1분 46초 30	800m	1분 59초 80	2분 01초 30
3분 35초 00	3분 38초 00	1,500m	4분 05초 90	4분 08초 90
13분 20초 00	13분 27초 00	5,000m	15분 14초 00	15분 25초 00
27분 40초 00	28분	10,000m	31분 45초 00	32분
2시간 17분 00		마라톤	2시간 43분 00	
8분 23초 10	8분 32초	3,000m	9분 43초 00	9분 50초 00
13초 52	13초 60	110m허들/100m허들	12초 96	13초 15
49초 40	49초 80	400m 허들	55초 40	56초 55
2m 31	2m 28	높이뛰기	1m 95	1m 92
5m 72	5m 60	장대높이	4m 50	4m 40
8m 20	8m 10	멀리뛰기	6m 75	6m 65
17m 20	16m 85	세단뛰기	14m 30	14m 10
20m 50	20m	포환던지기	18m 30	17m 30
65m	63m	원반던지기	62m	59m 50
78m	74m	해머던지기	71m 50	69m
82m	79m 50	창던지기	61m	59m
8200점	8000점	10종 경기/7종 경기	6150점	5950점
1시간 22분 30초	1시간 24분 00초	20km 경보	1시간 33분 30초	1시간 38분 00초
3시간 58분 00초	4시간 09분 00초	50km 경보	여자는 없음.	
39초 20		400m 계주	44초 00	
3분 04초 00		1,600m 계주	3분 32초 00	

한하기 위해서다. 각 나라는 종목별로 A 기준 기록을 통과한 선수를 최대 3명씩 보낼 수 있다. B 기준 기록 통과자는 1명만 보낼 수 있고, A 기준 기록 통과자까지 합하면 최대 3명만 출전할 수 있다.

여성의 육상 경기 참가

여성이 올림픽에 처음 참가한 것은 1900년 파리부터였다. 테니스와 골프에 12명이 첫 출전한 것이다. 영국의 샤르토 쿠퍼는 여자 테니스 단식에서 우승을 차지해 올림픽 사상 첫 여성 금메달리스트가 됐다.

여성이 올림픽 육상에 처음 참가한 것은 1928년 제9회 암스테르담 올림픽부터이다. 국제 여성 단체들의 끈질긴 요구에 따라 100m, 400m 계주, 800m, 높이뛰기, 원반던지기 5종목에 한해 출전이 허용됐다. 하지만 교황 비오 6세는 여자 육상 종목을 포함시킨 IOC를 맹비난했다.

문제는 800m였다. 800m 결승선을 통과한 뒤 대부분의 선수들이 쓰러졌다는 소문 때문이다. 미국의 《뉴욕타임스》는 "800m 경주는 여성에게 지나친 부담을 준다. 9명 가운데 6명이 결승선에 들어오자마자 땅바닥에 고꾸라졌다. 이중 몇 명은 응급실에 실려 가기까지 했다."며 여성의 장거리 경주는 무리라는 주장을 폈다. 영국의 《데일리메일》도 "여자 육상 선수 쓰러지다."라는 제목을 뽑으며 동조했다.

근대올림픽의 창시자 프랑스의 쿠베르탱(1863~1937)은 "800m의 장거리를 뛰고 지친 여성들의 모습이 관중들에게 불쾌감을 준다."며 눈살을 찌푸렸다. 그는 1912년 스톡홀름 대회 때도 여자 수영을 반대하면서 "올림픽은 남자를 위한 것이어야 한다."고 말했다.

결국 암스테르담 대회부터 1964년까지 여성은 장거리를 달릴 수 없었다. 여자 800m 경주는 1964년 도쿄 올림픽에서야 부활됐다. 여자 1500m는 1972년 뮌헨 대회 때 처음 등장했다. 최장거리인 마라톤과 3000m(1996년 애틀랜타 때 5000m로 격상)는 1984년 로스앤젤레스 대회 때야 비로소 선을 보일 수 있었다. 1만m는 1988년 서울 올림픽 때 허용됐다.

사실 암스테르담 올림픽 육상 여자 800m 경기는 아무런 문제가 없었다. 문제는 남자들의 비뚤어진 시선이었다. 당시 800m 결승에서 9명 모두가 완주를 했고, 놀랍게도 그중 몇 명은 세계신기록까지 세웠다. 오해는 이중 몇 명이 피로도 풀 겸 해서 트랙 안의 잔디에 들어가 누워 있었던 데 있었다.

올림픽에서 사라진 육상 종목

제자리높이뛰기, 제자리멀리뛰기, 제자리세단뛰기는 1900년 파리 올림픽 때부터 1912년 스톡홀름 대회까지 2~5번 치러지다가 사라졌다. 1900년 파리와 1904년 세인트루이스에서는 60m 경주가 있었다. 그 흔적으로 지금도 실내육상대회에는 60m 경주가 있다. 들, 언덕, 숲을 달리는 크로스컨트리도 1904년 세인트루이스 대회부터 단체전이 치러졌다. 1908년 런던 대회 때는 없어졌지만 1912년 스톡홀름에서 부활돼 개인전까지 생겼다. 크로스컨트리는 1924년 파리 대회까지 열렸다.

1906년 단 한번 아테네에서 치러진 올림픽 중간대회에서는 고대올림픽 5종 경기가 부활됐다. 고대5종 경기는 제자리멀리뛰기, 원반던지기, 창던지기, 192m 달리기(스타디온), 그레코로만형 레슬링 5개 종목으로 구성된다. 문제는 육상 경기에 레슬링이 들어간다는 것이다. 결국 1908년 런던에서는 고대5종 경기가 없어졌고, 1912년 스톡홀름부터 1924년 파리까지 멀리뛰기, 창던지기, 200m, 원반던지기, 1500m로 치러졌다.

단 한 번뿐이지만 1912년 스톡홀름 올림픽 때는 '두 손으로 던지는 포환던지기, 원반던지기, 창던지기'도 있었다. 줄다리기도 1900년 파리부터 1920년 앤트워프까지 있었다.

고지에서는 기록이 잘 나온다

고지에서는 단거리 기록이 잘 나온다. 기압이 낮기 때문이다. 반대로 장거리는 공기가 희박해 숨이 차기 때문에 기록이 잘 나오지 않는다. 1968년 올림픽이 열렸던 멕시코시티는 해발 2240m이다. 기압이 평지의 75%밖에 되지 않는다. 만약 100m를 10초에 달리는 선수라면 멕시코시티 경기장 트랙에서는 0.106초가 단축된다. 1968년 멕시코 올림픽 남자 100m에서 미국의 짐 하인즈가 기록한 9.9초는 평지에서라면 10.05초가 되는 셈이다.

1968년 멕시코 올림픽 세계신기록

구분	종목	구기록	신기록	선수
남자	100m	9.9	9.9	짐 하인스(미국)
	200m	20.0	19.8	토미 스미스(미국)
	400m	44.5	43.8	리 에반스(미국)
	400m 허들	49.1	48.1	데이비드 헤메리(영국)
	멀리뛰기	8.35m	8.90m	밥 베몬(미국)
	세단뛰기	17.03m	17.39m	빅터 세내예브(소련)
여자	100m	11.1	11.0	위오미아 타이어스(미국)
	200m	22.7	22.5	이레나 스제윈스카(폴란드)
	멀리뛰기	6.76m	6.82m	비오리카 비스코폴레누(체코)

왜 스프린터들은 골인 뒤 신발을 벗어 카메라에 비출까?

　독일의 하리는 1960년 6월 21일 스위스 취리히에서 사상 처음으로 100m를 10초 플랫에 달렸다. 그게 백인으로서는 마지막 100m 세계신기록 수립이었다. 그 이후로는 흑인들이 그 자리를 대신했다. 당시 하리가 신은 신발이 단연 화제였다. 1948년 창립한 아디다스가 핀이 4개 달린 가볍고 튼튼한 맞춤 신발을 제공한 것이다. 요즘이야 맞춤 신발이 일반화됐지만 당시만 해도 특정 선수를 위한 맞춤 신발은 처음이었다.

　하리는 그만큼 최고의 인기를 누렸다. 하지만 아디다스는 하리에게 맞춤 신발만 줬지 그 이상의 아무 대가를 주지 않았다. 하리는 화가 났다. 그래서 1960년 로마 올림픽 때는 아디다스의 라이벌인 푸마 신발을 신고 달려 우승했다(10초 2).

　하지만 하리는 너무 나갔다. 시상식 때는 엉뚱하게도 아디다스 신발을 신고 나갔다. 아디다스와 푸마 두 회사에서 모두 돈을 받기 위해 양다리를 걸친 것이다. 여론이 빗발치는 건 당연했다. '돈독 오른 하리'라며 곤죽이 되도록 얻어맞았다. 결국 하리는 돈도 못 받고 욕만 잔뜩 먹었다.

　아베베는 1960년 로마 올림픽 남자 마라톤에서 맨발로 달려서 우승했다. 하지만 1964년 도쿄 올림픽에서는 맨발로 달리고 싶어도 그럴 수가 없었다. 세계적인 신발 회사들이 그를 가만두지 않았다. 로마 올림픽에서 어처구니없게 아베베를 놓쳐버린 아디다스가 맹렬하게 달려들었다. 하지만 아베베를 잡는 데 성공한 것은 아디다스의 라이벌 독일의 푸마였다. 아디다스는 뼈아팠을 것이다. 두 회사는 그만큼 경쟁이 치열했다. 두 회사의 창업주가 피를 나눈 형제였지만 사업에는 '피도 눈물도' 없었다.

운동화에 스파이크를 박은 것은 언제부터일까. 1925년 아디다스가 접지력 강화라는 캐치프레이즈를 걸고 파격적인 스파이크화를 선보였다. 독일의 리나 라트케는 바로 이 스파이크화를 신고 1928년 암스테르담 올림픽 여자 800m에서 우승했다. 2분 16초 8의 세계신기록으로, 이 기록은 16년간 깨지지 않았다. 아디다스는 1964년 도쿄 올림픽에서 무게 135g의 '당시로서는 세상에서 가장 가벼운 신발'을 선보이기도 했다.

칼 루이스는 1984년 로스앤젤레스 올림픽 때 무게 120g밖에 나가지 않는 나이키 신발을 신었다. 앞창(플레이트) 길이도 기존 신발보다 길었다. 기존 신발은 앞창이 발 전체의 3분의 2 정도였는데 칼 루이스의 신발은 발 길이와 같은 것을 썼다. 코너링 때 미끄럼을 줄이기 위한 아이디어였다. 칼 루이스는 이 대회에서 단거리 4관왕에 올랐다. 1988년 서울 올림픽 남자 마라톤에서는 일본 나카야마 다케유키(中山竹通·1959~)가 115g밖에 되지 않는 신발을 신고 달려 화제가 됐다. 우승은 이탈리아의 젤린도 보르딘에 내줬다(2시간 10분 32초). 나카야마는 1986년 아시안게임에서 우승을 차지한 강호였지만 서울 올림픽과 4년 뒤 바르셀로나 올림픽에서 연거푸 4위에 머물렀다.

나이키가 제작한 마이클 존슨의 '황금 신발'도 유명하다. 나이키는 마이클 존슨의 발 끄는 습관을 알아냈다. 코너링 때 양발의 움직임도 각기 달랐다. 결국 양쪽 신발의 밑창 플레이트를 비대칭 형태로 제작했다. 무게를 112g으로 더 줄였다. 2000년 시드니 올림픽 때는 아예 순금으로 진짜 황금 섬유 신발을 제작했다. 공기 저항을 최대한 줄여 200m에서 11cm 즉 100분의 1초를 단축하는 효과를 얻었다고 발표했다.

우사인 볼트는 푸마 신발을 신는다. 그는 청소년 시절부터 푸마의 막대한 후원을 받아왔다. 푸마는 베이징 올림픽을 앞두고 볼트의 이니셜을 딴 '우산(USAN) 슈즈'를 내놓았다. 트랙 8레인을 형상화한 최고급 스파이크화를 시장에 선보인 것이다. 신발 바닥 중 과감하게 중간 창을 없애고 밑창과 신발바닥을 바느질로 붙였다. 신발 한 짝 무게가 불과 204g. 결국 베이징 올림픽 100m의 스포츠화 경쟁에서는 푸마가 이겼다. 나이키가 후원했던 미국의 가이는 결승 진출에도 실패했다.

단거리 신발은 밑창이 딱딱하다. 지면에 닿자마자 튕길 정도로 단단한 플라스틱 소재를 쓴다. 밑바닥 '스터드(징)'도 앞부분에만 있다. 멀리뛰기 신발도 마찬가지다. 주로 신발 앞부분에 무게중심을 두고 순간 스피드를 내기 때문이다. 2000년 시드니 올림픽 여자 100m, 200m에서 우승한 미국의 매리언 존스는 뒤꿈치를 감싸는 부분이 아예 없는 슬리퍼 같은 신발을 신기도 했다. 달릴 때 뒤꿈치가 거의 닿지 않기 때문에 그 부분이 필요 없었던 것이다.

높이뛰기 선수의 신발은 스터드가 신발 바닥 앞뒤에 다 박혀 있다. 앞의 것은 도움닫기 때 힘껏 달릴 때 필요하고, 뒤의 것은 점프 직전 땅에 단단히 지탱할 때 필요하다. 포환, 원반, 해머던지기 등 투척 선수의 신발은 좌우 밑바닥 모양이 다르다. 원운동 에너지를 직선운동 에너지로 바꿔야 하기 때문이다. 원운동 축이 되는 신발은 회전할 때 마찰로 인한 저항을 줄이기 위해 밋밋하다. 하지만 원운동에 가속을 가하는 쪽 신발은 탄력을 키우기 위해 밑바닥에 요철이 있다.

창던지기 선수의 신발은 한쪽은 보통 러닝화, 다른 한쪽은 발목까지 감싸는 '하이컷(high cut)' 모양이다. 창을 던지기 직전에 힘을 실어 내딛는 쪽의 신발이 그렇다. 창던지기 신발 역시 밑바닥 스터드가 앞뒤에 다 박혀 있다.

올림픽이나 세계선수권에서 우승한 스프린터들은 신발을 벗어들어 V자를 만들거나 두 손으로 끌어안는 등 여러 가지 제스처를 취한다. 자신의 신발 후원사를 위한 계산된 퍼포먼스라 할 수 있다.

스포츠화 싸움은 아직도 많이 남았다. 대회는 수없이 이어지고 육상에는 47개의 금메달이 걸려 있다. 지금까지 단거리는 나이키가 우세하고 장거리에서는 아식스가 앞서왔다. 푸마나 리복은 그 틈새를 장악했다.

마라토너들은 신발이 한 달에 한두 켤레씩 닳는다. 밑창이 너무 닳으면 미련 없이 버린다. 달릴 때 몸의 균형이 무너지면 부상 위험이 있기 때문이다. 대회에 나갈 때는 15~20km 정도 뛴 신발을 신는다. 새 신발은 발에 맞지 않을 수 있다. 어느 정도 발과 궁합을 맞추는 게 중요하다.

400m 릴레이가 100m 4번 뛴 기록보다 빠르다

　남자 400m 릴레이 세계신기록은 1992년 바르셀로나 올림픽에서 미국이 세운 37초 40. 남자 100m 세계신기록을 세운 볼트가 4번 100m를 뛸 경우(38초 32)보다 0.92초 빠르다. 여자의 경우도 마찬가지. 여자 400m 릴레이 세계신기록은 1985년 독일이 세운 41초 37. 그리피스 조이너의 세계신기록(10초 49) 4배보다 0.59초 앞선다. 릴레이는 출발을 한 번만 하면 되지만 100m는 4번 출발해야 하기 때문이다.

Chapter 03
신체, 근육, 정신, 자세

발에는 인간 뼈의 25%가 몰려 있다

사람 몸에는 206개의 뼈와 약 650개의 근육이 있다. 그중 발에 뼈의 25%(26개씩 52개)가 몰려 있고 근육도 100여 개나 발에 있다. 관절은 인대와 연골로 이루어진다. 뼈와 뼈 사이를 잇는 연결고리로, 문과 문틀을 이어주는 경첩이나 마찬가지다. 어깨, 엉덩이, 무릎관절이 대표적이다.

운동선수들은 뼈, 관절, 근육을 너무 많이 써서 빨리 늙는 반면 대부분의 현대인은 너무 안 써서 쉽게 늙는다.

뼈는 35세가 넘으면서부터 점점 골밀도가 떨어져 부석부석해지고 얇아진다. 한 통계에 따르면 65세 이상 미국 여성의 경우 3명에 1명꼴로 골다공증을 앓고 있다.

무릎관절은 몸무게가 5kg이 늘면 15kg으로 느낀다. 계단을 오를 때는 7배인 35kg으로 생각한다. 그만큼 몸무게의 압력에 취약하다.

육상 선수들은 발목이 가늘고 머리가 작다

    이봉주는 키 168cm에 몸무게가 55kg이다. 더 정확하게 말하면 훈련할 때나, 대회에 나가 레이스를 펼칠 때의 몸무게가 55kg이고, 대회가 끝난 후 조깅을 하면서 몸을 풀 때는 이보다 1~2kg 더 나간다고 보면 된다.

    보통 성인 남자의 경우 키가 168cm 정도라면 몸무게는 65~70kg쯤 나간다. 이봉주는 이들보다 최고 10kg 정도 덜 나가는 것이다. 그만큼 마라토너의 몸에는 군살이 전혀 없다. 뼈에 필요한 근육만 있을 뿐이다.

    보통 마스터스의 경우 살이 평소보다 1kg이 더 찌면 기록이 3분 정도 늦어진다. 엘리트 선수는 그 정도는 아니지만 군살이 붙으면 그만큼 기록이 늦어지는 건 두말할 필요가 없다. 그만한 무게를 더 지고 105리 길을 달려야 하기 때문이다. 마라톤 선수들이 대부분 머리가 작은 것도 마찬가지 이유다. 머리가 크면 아무래도 기록이 늦어진다.

    이봉주의 체지방률도 10%가 안 된다. 보통 성인 남자는 15~20%선. 마라토너들은 기본적으로 깡마르지 않으면 안 되는 것이다. 이런 몸매는 하루아침에 만들어지지 않는다. 적어도 매일 40~50km씩 2~3년은 달려야 한다.

    마라톤 선수들은 한번 은퇴하면 금세 몸이 불어난다. 소위 마라톤 감독들이 자주하는 말로 '돼지'가 되는 것이다. 일단 '돼지'가 되면 다시 현역에 복귀한다는 것은 거의 불가능하다. 2~3년에 걸쳐 다시 몸을 만들어야 하는데, 그게 쉽지 않기 때문이다.

황영조는 키가 이봉주와 거의 같다. 몸무게도 현역 땐 비슷했다. 하지만 요즘 황영조 체중은 70kg을 넘나든다. 국민체육진흥공단 감독으로서 선수들과 함께 틈날 때마다 달리는데도 그렇다. 거의 죽자 살자 달리지 않으면 마라톤 몸매가 안 나오는 것이다.

황영조는 궁여지책으로 신발 바닥에 쇠를 넣고 다닌다. 보통 사람들이 신으면 발목이 뻐근할 정도로 무겁다. 그런데도 몸무게 줄이는 데는 효과를 보지 못하고 있다. 오히려 공항 검색대 통과할 때마다 그 신발이 늘 말썽이다. 검색원들이 그 신발을 일일이 살펴 본 후에야 통과를 시키기 때문이다.

단거리 선수와 장거리 선수에 가장 적합한 체격은?

육상에서는 단거리에서 장거리로 갈수록 키가 작아진다. 역대 올림픽 육상 우승자를 보면, 단거리 남자 선수 평균 키가 183cm에 68kg이다. 반면 마라톤 남자 우승자는 169cm에 56kg 정도이다. 나이는 남자 단거리가 23세 안팎, 남자 마라톤은 26세 내외였다.

베이징 올림픽 남자 100m에서 세계신기록으로 우승한 자메이카의 우사인 볼트는 키 195.58cm(6피트 5인치)로 역대 우승자들의 평균보다 10cm 정도 크다. 나이는 당시 22세로 역대 우승자 평균보나 한 살 적었다. 그만큼 긴 다리에 보폭이 넓다는 이야기다.

물론 키가 크다고 무조건 좋은 것은 아니다. 키 큰 선수들은 상대적으로 순발력이 떨어져 스타트가 늦다. 볼트도 이날 출발 반응시간이 0.165초로 8명 중 7위에 불과했다. 바람에 대한 저항력도 키가 크면 불리하다. 이날 경기장은 풍속이 제로였다. 보통 초속 0.5~2m(2m 이상은 비공인)의 바람이 부는 게 정상인데, 볼트에게는 행운이 따랐다.

베이징 올림픽 남자 수영 8관왕 마이클 펠프스는 상체가 유난히 길다. 몸 전체가 언뜻 보면 돼지꼬리가 달린 어뢰 같다. 키 193cm 중 하체 길이가 81cm밖에 안 된다. 183cm 박태환의 하체가 96cm인 것과 비교해 보면 기형에 가깝다. 펠프스는 그만큼 물에 잘 뜬다. 다리가 길면 그만큼 물에 가라앉기가 쉽다.

  육상 선수들은 그 반대다. 하체가 길어야 유리하다. 상체는 통자형으로 짧은 대신 가슴은 두꺼워야 하고, 다리는 길어야 유리하다. 가슴이 두꺼우면 심장과 허파 즉 엔진의 파워가 강하다. 다리가 길면 보폭이 넓다. 볼트의 하체 길이도 상체에 비해 유난히 길어 보인다.

단거리 선수 근육과 마라톤 선수 근육은 다르다

　단거리 선수들은 근육이 울퉁불퉁하고 우람한 반면에 마라톤 선수들은 근육이 있는지 없는지 모를 정도다. 왜 그럴까? 보통 사람의 근육은 속근(速筋)과 지근(遲筋)으로 나뉜다. 속근은 순간적인 힘을 발휘하는 데 적합하고 지근은 지구력을 발휘할 때 좋다. 속근은 웨이트트레이닝을 하면 발달한다. 속근은 흰빛을 띤다. 장미란 같은 역도 선수나 단거리 선수의 근육이 울퉁불퉁한 것은 속근 때문이다. 보기와는 달리 역도 선수의 순발력이 태릉선수촌에서 1,2위를 다투는 것도 바로 이 속근 덕이다. 단거리 경주를 하면 역도 선수들이 축구나 핸드볼 같은 구기 선수들을 제치고 2,3위를 차지하는 것은 흔한 일이다.

　작고 섬세한 근육으로 이루어진 지근은 마치 참나무처럼 겉으로 보기에는 없는 것 같지만 속이 꽉 차 있다. 색깔은 붉다. 지근은 조깅 등 유산소 운동을 해야 발달한다. 짐승들 중에서도 사자, 호랑이 등 육식동물은 속근이 발달해 덩치가 우람하지만 사슴이나 얼룩말 등 초식동물은 지근이 발달해 날씬하다.

　사슴은 사자에게 쫓길 때 한 500m 정도 도망가는 데만 성공하면 살 수 있다. 지근이 발달하지 못한 사자는 먼 거리까지 계속해서 빠른 속도로 뒤쫓을 수 없기 때문이다.

마라톤 감독들은 선수를 데려올 때 '사슴 같은 발목', '통자형의 두툼한 가슴', '작은 머리'를 가진 선수를 최고로 친다. 바로 이런 선수들이 지근이 발달했기 때문이다. 황영조와 이봉주가 그 대표적인 예이다. 물론 머리가 작으면 그만큼 뛰는 데 부담이 덜 가는 것도 그 이유 중 하나이다.

보통 속근이 발달하면 지근은 상대적으로 덜 발달하게 된다. 반대로 지근이 발달하면 속근이 약해진다. 그래서 육상에서는 속근과 지근이 고루 발달해야 하는 중거리(800m, 1500m 등) 종목이 가장 어렵다.

단거리 선수들은 더운 날씨를 좋아하고 마라톤 선수들은 쌀쌀한 날씨를 좋아한다. 이것도 속근과 지근의 성질이 다르기 때문이다. 날씨가 추우면 우람한 근육은 떨림 즉 경련 현상이 쉽게 일어난다.

지근은 더위에 약하다. 마라톤의 최적 기온이 섭씨 9도 안팎(습도 30~40%)인 것도 이것과 관련이 있다. 약간 쌀쌀하고 건조한 날씨가 마라톤에는 좋다. 이 적정 기온에서 1도가 높아질 때마다 자신의 개인 최고 기록보다 30초 이상씩 늦어진다는 전문가들의 연구 보고서도 있다.

섭씨 38도를 오르내렸던 1996년 애틀랜타 올림픽에서 육상 단거리 남자 100m, 200m에서 도노반 베일리(9초 84)와 마이클 존슨(19초 32)이 세계신기록을 낸 것을 비롯해 역도에서 14개의 세계신기록이 쏟아진 것은 속근이 좋아하는 더운 날씨 때문이다.

그러나 지근을 사용하는 남자 마라톤은 당시 남아공의 조시아 투과니가 2시간 12분 36초(이봉주가 2시간 12분 39초로 2위)로 우승했다. 이 기록은 당시 세계신기록 딘 사모의 2시간 6분 50초(현재 게브르셀라시에 2시간 3분 59초)보다 무려 5분 46초 느린 기록이다.

현대 스포츠의 생명은 뭐니 뭐니 해도 '스피드'이다. 어느 종목이든 이

제 스피드가 없는 선수는 설 땅이 없다. 아무리 기술이 좋아도 스피드가 없는 선수들은 올림픽이나 세계무대에서 결코 이길 수 없다. 스피드는 대부분 선천적으로 타고난다. 기술은 후천적으로 가르칠 수 있지만 스피드는 훈련으로 향상되는 데 한계가 있다. 빠른 선수는 태어날 때부터 보통사람보다 유난히 속근이 발달해 있다. 스포츠 꿈나무를 조기에 발굴해야 하는 이유가 바로 여기에 있다.

어린이에게 너무 먼 거리를 달리게 하면 큰일 난다

어린이는 피로 회복이 빠르다. 힘들어도 금세 회복된다. 하지만 무릎과 발목이 약하다. 게다가 뼈끝에 연골세포로 된 성장판이 있다. 성장판과 뼈는 매우 여리고 약하다. 이곳에 심한 충격이 가해지면 연골세포가 다친다. 뼈에도 금이 가기 쉽다. 피로 골절이 발생하기도 한다. 심하면 종아리나 정강이 근육이 기능을 잃는 수도 있다.

가끔 언론에서 초등학생 어린이가 하프코스(21.0975km)에서 입상한 것이 화제로 다루어진다. 어른들보다 피로 회복이 빠르기 때문에 가능할 수도 있다. 하지만 어린이가 너무 먼 거리를 달리면 자칫 성장판이 손상될지도 모른다.

국제스포츠의학회에서는 나이에 따라 달리는 거리를 엄격히 제한하고 있다. '9세 이하 3km, 9~11세 5km, 12~14세 10km, 15~16세 21.1km, 17세 30km'가 그것이다. 마라톤 풀코스를 달리려면 18세가 넘어야 비로소 가능하다. 달리는 시간도 엄격히 규제하고 있다. 18세 이전에는 1회에 1시간 30분 넘게 달리면 안 된다. 그것도 14세까지는 1주 3회, 15~18세는 1주일에 5회를 넘겨서는 안 된다.

마라톤 풀코스 완주는 뼈가 굳어야 비로소 할 수 있다. 뼈가 굳는 나이는 인종, 남녀, 사람에 따라 각각 다르다. 서양 남성들은 보통 19~20세

정도 되면 뼈가 완전히 굳어 마라톤 풀코스를 뛸 수 있다. 그러나 동양 남성들은 이보다 1~2년 늦다. 여성은 보통 남성들보다 1~2년 빠르지만 한국 여성들이 서양 여성들보다 약간 늦게 뼈가 굳는다.

국내 감독들은 남자 선수들의 경우 대학 3,4학년 정도 돼야 비로소 풀코스를 처음 뛰게 한다. 대학 1,2학년 때는 하프(21.0975km) 정도 뛰다가 기권하는 게 보통이다.

달리기 자세, 금메달과 족저근막염 사이

황영조는 날렵하다. 부드럽고 리드미컬하다. 초원을 달리는 사슴처럼 가볍게 달린다. 달리는 자세 어디 하나 군더더기가 없다. 팔의 스윙 동작도 전혀 힘이 들어 있지 않고 경쾌하다. 오죽하면 어느 외국 전문가는 "마치 콧노래를 부르며 애인을 만나러 달려가는 것 같다."고 말했을까. 일본 코치들은 한술 더 뜬다. "왜 요즘 한국 선수들의 폼이 엉망인지 모르겠다. 교과서 같은 폼을 가진 황영조를 따라하면 될 텐데……."

이봉주는 투박하다. 힘이 넘치지만 어딘지 거칠다. 달리다 지치면 오른쪽 팔이 처지거나 상체와 머리가 뒤로 젖혀진다. 달릴 때 오른발이 팔자걸음처럼 약간 바깥쪽으로 비껴 흐른다. 그만큼 힘이 낭비된다. 더구나 오른발을 내디딜 때 발끝이 바깥쪽으로 벌어지기까지 한다.

어느 쪽이든 내딛는 발은 같은 일직선상에 놓여야 '최대 보폭'이 된다. 경보 선수들이 오리걸음처럼 걷는 것도 최대한 일직선상으로 걷기 위해서이다. 그런데 마라톤은 2만 4000~2만 6000걸음을 내딛는 105리 레이스이다. 한 걸음에 1cm씩만 손해 봐도 240~260m(43~47초)를 뒤지게 된다는 얘기다.

이것은 이봉주의 짝발과 관계가 있다. 이봉주는 왼발이 253.9mm인데 반해 오른발은 249.5mm이다. 왼발이 4.4mm 더 길다. 또한 왼발의 기울기(안쪽 쏠림)가 0.2도인 데 반해 오른발 기울기는 2.7도에 이른다.

걸을 때 어깨선이 지면과 수평이 되는 게 아니라 오른쪽 어깨선이 약간 올라간다는 얘기다. 결국 몸이 전체적으로 불균형한 것이다. 이는 마라토너에게는 치명적인 약점이다. 몸의 기울기는 신발 안창이나 깔창의 두께 등으로 조절할 수는 있지만 근본적인 치료책은 아니다. 게다가 그는 박지성이나 펠레처럼 거의 평발에 가깝다. 완전 평발은 군대에서도 잘 받아주지 않는다. 보통 사람이라면 조금만 걸어도 쉽게 피곤해진다.

이경태 박사는 한국 최고의 발 전문가다. 마라톤이나 축구에서 부상 선수 중 그의 손을 거치지 않은 경우가 거의 없을 정도이다. 이봉주도 마찬가지이다. 이 박사는 이봉주를 볼 때마다 늘 의학적으로 불가사의라며 고개를 갸웃거린다.

"이봉주 선수의 오른발은 60% 정도가 평발이다. 50% 정도 평발인 박지성 선수보다 더 심하다. 더구나 이봉주 선수의 오른발바닥 가운데 아치 뼈(움푹 들어간 곳)인 주상골에 쓸데없는 뼈 조각이 하나 붙어 있다. 보통 사람들은 누구나 발 하나에 27개의 뼈가 있는데 이봉주 선수는 오른발에 27.5개의 뼈가 있는 셈이다. 그만큼 땅에 발바닥이 닿을 때마다 다른 사람보다 충격이 더 크다. 더구나 이봉주 선수는 거의 평발이지 않은가. 의학적으로는 거의 마라톤 선수가 될 수 없는 발이다. 다행히 이봉주 선수는 보통사람보다 발이 훨씬 부드럽다. 아마 이봉주 선수가 이렇게 달릴 수 있는 것은 발이 부드럽기 때문인 것 같다. 물론 인내와 끈기로 아픔을 참고 끊임없이 노력한 것이 가장 큰 이유일 것이다."

마라토너에게 가장 무서운 것은 족저근막염이다. 족저근막은 발바닥을 싸고 있는 단단한 막을 말한다. 스프링처럼 발바닥의 충격을 흡수하거나 발바닥의 움푹 팬 아치 부분을 받쳐준다. 하지만 족저근막 중 뒤꿈치뼈 쪽에 염증이 생기는 경우가 있다. 이 부분에 충격을 너무 자주 주거나, 자세가 좋지 않은 상태에서 많이 걷거나 달리면 일어나게 된다.

아침에 일어나 첫발을 내디딜 때 발뒤꿈치 쪽이 아프거나, 오랫동안 앉았다 일어날 때 심한 통증이 오는 게 족저근막염의 특징이다. 초기에는 조금 걷다 보면 통증이 사라지기 때문에 대부분 사람들은 족저근막염에 걸려도 대수롭지 않게 생각한다. 뒤꿈치를 땅에 대지 못할 정도로 심해져서야 부랴부랴 병원을 찾는 경우가 많다. 아킬레스 힘줄이 너무 뻣뻣하거나 평발인 사람에게 자주 생긴다. 두 발끝을 안쪽으로 향하게 걷는 안짱다리나 뒷발로 찍어 차듯 걷는 사람도 마찬가지이다.

마라토너 중 족저근막염을 겪지 않은 선수는 거의 없다. 직업병이라 할 수 있다. 황영조도 고생을 많이 했고 수술까지 했다. 1997년 춘천 조선일보 마라톤에서 한국 여자 최고기록(2시간 26분 12초)을 세웠던 권은주도 결국 족저근막염 때문에 사실상 선수 생활을 접었다. 권은주는 그때가 첫 풀코스 완주였다. 하지만 곧바로 왼발에 족저근막염이 왔고 수술까지 했다. 시간이 지나 왼발이 좀 나아지자 이번에는 오른발에 족저근막염이 생겼다. 결국 황영조가 수술했던 일본 고야마 병원에서 칼을 대야만 했다.

이봉주도 그렇다. 심한 훈련을 하고 나면 오른발이 언제나 좋지 않다. 곧바로 마사지나 사우나 등으로 풀지만 완전하지 못했던 것은 사실이다. 그러나 달리지 못할 정도는 아니어서 단 한 번도 큰 부상을 입지 않았다. 2006년 족저근막염이 생겨 잠시 물리치료를 받았지만 수술을 받지는 않았다. 너무 훈련을 많이 해 무릎 오금에 종기(근육 마찰로 생기는 일종의 희귀 질환)가 생겨 주사로 뺀 적도 두 번(2004, 2005년)이나 있다.

2006년 이봉주 몸을 샅샅이 검사한 이경태 박사는 "이봉주의 몸은 아직 생생하다. X레이 검사 결과 이봉주의 무릎 관절에서 별 이상 징후를 발견하지 못했다. 관절 및 근육 유연성이 천부적이어서 지금까지 강도 높은 훈련을 잘 버틴 것 같다. 여기에 이봉주 자신이 철저한 몸 관리를 했기 때문에 젊은 선수 못지않은 체력을 유지하고 있는 것 아닌가 생각한다."고 말했다.

수영의 박태환 선수가 지닌 최대 장점은 바로 몸의 좌우 균형이 거의 완벽하리만치 잘 맞는다는 것이다. 쓸데없는 에너지 낭비가 거의 없다고 봐도 지나친 말이 아니다. 그만큼 기록도 빨라진다. 헤엄을 칠 때 몸이 일직선으로 똑바로 나간다는 이야기다. 이것은 타고나는 것이 아니다. 처음 수영을 배울 때 기본 동작을 완벽하게 익혔다고 볼 수 있다. 그만큼 스포츠에서나 인생에서나 기본자세가 중요하다. 세 살 버릇 여든까지 간다.

정신 근육이란 것도 있다

　미국의 글렌 커닝엄(1909~1988)은 일곱 살 때 다리에 큰 화상을 입었다. 의사는 다리를 절단해야 한다는 선고를 내렸다. 하지만 커닝엄은 고개를 저었다. 그러자 의사는 "그렇게 되면 평생 휠체어에 의지할 수밖에 없을 것"이라고 말했다.

　커닝엄은 어느 날 스스로 몸을 휠체어에서 떨어뜨려 땅바닥으로 나뒹굴었다. 하지만 몸은 꼼짝도 안 했다. 그러자 그는 아기처럼 배밀이로 조금씩 기기 시작했다. 그렇게 하루도 빠짐없이 기면서 두 다리로 서는 연습을 했다. 결국 그는 땅 위에 우뚝 두 다리를 세울 수 있었다. 가족들은 그것만으로도 '대단한 기적'이라며 기뻐했다. 하지만 커닝엄은 바로 걸음마를 시작했다. 넘어지고 또 넘어지고, 온몸이 상처투성이로 변했다. 그래도 커닝엄은 포기하지 않았다. 그리고 마침내 뚜벅뚜벅 다른 사람들과 같이 걸을 수 있었다. 그러자 이번에는 달리기 연습에 들어갔다. 처음에는 걷기나 달리기나 똑같았다. 자신은 죽을힘을 다해 달렸지만, 남들이 보기에는 걷는 거나 마찬가지였다.

　결국 커닝엄은 13세 때 육상 선수가 되었다. 그뿐만 아니었다. 그는 야구, 미식축구, 복싱, 레슬링 등 못하는 게 없었다.

　1934년 커닝엄은 남자 육상 1500m에서 세계신기록(4분 6.7초)을 세웠다. 곧 이어 1936년 베를린 올림픽 1500m에서는 3분 48.4초 기록으로 은메달을 목에 걸었다.

미국의 윌마 루돌프(1940~1994)는 2kg의 미숙아로 태어나 네 살 때 폐렴과 성홍열을 앓았다. 몇 주일 동안 고열에 시달리며 죽을 고비를 넘겼지만, 왼쪽다리가 안쪽으로 굽은 채 마비됐다. 소아마비에 걸린 것이다. 의사는 "전문가의 마사지를 계속 받지 않으면 걷지도 못하게 될 것."이라고 말했다. 병원은 70km나 멀리 떨어진 곳에 있었다. 집은 찢어지게 가난했다. 아버지는 날품팔이나 일용직 인부 등을 전전했으나 그나마 몸이 약해 집안 경제는 어머니가 파출부로 일하며 겨우겨우 꾸려나가고 있었다. 도무지 입원시킬 형편이 되지 않았던 것이다. 윌마의 형제는 아버지 첫 번째 부인의 애들까지 합쳐서 모두 22남매나 됐다. 윌마는 그중 스무 번째 아이였다.

윌마의 어머니는 1주일에 하루인 휴일에 윌마를 데리고 병원에 다니기 시작했다. 2년 동안 매주 한 번씩 왕복 140km 거리를 흔들리는 버스에 의지해 병원을 오갔던 것이다. 그뿐만 아니라 아예 마사지 법을 의사한테 배워 일이 끝난 뒤 윌마의 다리를 주무르고 또 주물러 줬다. 1년 뒤 의사는 "반사 신경이 좀 나아졌다."라는 평가를 내렸다. 그러자 어머니는 윌마의 세 언니에게 마사지 법을 가르쳐 네 사람이 번갈아 윌마의 다리를 주물렀다.

3년째 윌마는 수레를 붙들고 걷는 훈련을 할 수 있었다. 아홉 살 때는 지팡이를 짚고 걸을 수 있었다. 윌마도 스스로 피눈물 나게 노력했다. 뒤뜰 장대에 달아둔 과일 바구니에 볼을 던져 넣는 농구 놀이에도 열중했다. 그러다가 어느 날 자신도 모르게 다리의 깁스를 풀고 이리저리 자유스럽게 걸을 수 있었다. 그렇게 되기까지 10년 가까운 세월 동안 윌마는 늘 혼자 집에 남겨져 누워 있어야만 했다. 사람들이 '병신'이라고 놀리는 몸, 여성에다가 흑인, 그것도 인종차별이 극심했던 1950년대 미국 남부에서였다.

윌마 루돌프는 열두 살 때 그 지긋지긋한 지팡이를 던져버렸다. 중학교 때는 농구에 열중했고 고등학교 때는 득점왕에 오를 정도로 펄펄 날았다. 달리기도 누구 못지않게 잘했다. 결국 열여섯 살인 1956년 호주 멜버른 올림픽 미국 대표팀에 뽑혀 여자 400m 릴레이에서 동메달을 따냈다. 4년 뒤 1960년 로마 올림픽 때는 100m에서 11.0초로 우승했다. 또 200m(24.0초), 400m 릴레이에서도 금메달을 목에 걸었다. 겨우 스무 살에 윌마는 올림픽에서 3개의 금메달을 따낸 첫 미국 여성이 됐다.

윌마 루돌프는 1960년 AP통신 선정 '올해의 여자 선수', 1961, 1962년 미국 최고 아마추어 선수상, 1962년 미국 최고 여자 선수로 '베이브 디드릭슨 상'을 받았으며 1963년 미국 올림픽 명예의 전당에 올랐다. 어릴 때는 소아마비로 걸을 수 없다는 선고를 받았고 자라면서 병신이라고 놀림 받았고, 흑인이고 여자임에도 이 모든 것을 이겨냈다. 그는 말한다.

"난 그 외롭고 처참했던 어린 시절을 한시도 잊은 적이 없다. 하지만 그때조차도 난 아무도 할 수 없는 일을 반드시 해내고야 말겠다고 이를 악물었다. 난 달릴 때면 언제나 한 마리 자유로운 나비가 된다."

Chapter 04
마라톤, 마스터스마라톤, 울트라마라톤 그리고 러너스 하이

마스터스란 무엇인가?

　마라톤에 갓 입문한 사람들이 듣는 생소한 용어가 있다. 바로 '마스터스(Masters)'. 영어로 마스터스란 어떤 분야의 대가나 명인 혹은 숙련된 기술자를 뜻하는 단어이지만 마라톤에서는 달리기를 취미 이상으로 좋아하는 '마니아'를 뜻한다.

　미국의 마라톤 대회에서는 일반적으로 40~49세의 아마추어 참가자를 '마스터스', 50~59세 참가자들을 '베테랑', 60~69세 참가자들을 '시니어'라고 부르며 이들을 통칭해서 부를 때 '마스터스'라고 한다. 유럽 등 일부 국가에서는 이들을 통칭해 '베테랑'으로 부르기도 한다. 지금은 마스터스라는 명칭이 "마라톤 풀코스 대회 참가자 중 엘리트 선수들이 아닌 일반인 아마추어 참가자" 정도의 뜻으로 통용된다.

국제육상연맹 규정은 이렇다. "마스터스란 경기장에서 개최되는 종목의 경우 남녀 35세 이상 참가자, 경기장 밖에서 개최되는 종목의 경우 남녀 40세 이상의 참가자"를 말한다. 대한육상경기연맹 규정은 "선수 활동을 마치고 국내 대회에서 입상 실적이 있는 자에 한하여 마스터스 활동은 은퇴 후 3년이 지난 시점으로 한다."라고 돼 있다. 한마디로 말하면 "선수 활동을 했더라도 국내 대회에 입상 실적이 없으면 마스터스 활동에 걸림돌이 없다."라는 얘기다. 입상 실적이 있더라도 선수 은퇴 3년이 지나면 역시 마스터스 활동을 자유롭게 할 수 있다.

한국 마스터스 마라톤 역사

한국의 마스터스 마라톤 역사는 짧다. 일본이 30년이 넘는 역사를 갖고 있는 데 비해 한국은 10여 년 정도다. 서울마라톤클럽의 박영석 명예회장은 "일본의 경우 마스터스 마라톤이 이미 30여 년 전에 시작됐으며 현재 마스터스들이 참가할 수 있는 하프 이상 대회가 1400여 개에 달한다."고 말했다. 박 회장은 국내 풀코스 대회에 참가하는 마스터스를 10만~15만 명 정도로 추산한다. 마라톤 전문지 《러닝라이프》의 김수남 대표는 현재 한국에서 치러지는 하프코스 이상 마라톤 대회가 전국적으로 400개 정도이며 이중 풀코스만 해도 100개가 넘는다고 말한다.

마라톤 풀코스를 완주할 수 있는 사람은 얼마나 될까. 김 대표는 10만 명 정도 된다고 말했다. 풀코스 마라톤 대회 중 가장 규모가 큰 것은 동아일보사가 매년 3월 개최하는 서울국제마라톤이다. 참가자가 2만 5000~3만 명이다. 매년 가을에 열리는 춘천 조선일보 마라톤과 중앙일보와 일간스포츠의 '중앙서울마라톤'도 역시 참가자가 2만 5000명에 달해 2만 명 이상이 참가하는 국내 대회가 3개 있다.

마라톤 대회가 규모가 커진 것은 불과 10년 사이의 일이다. 《동아일보》 마라톤 사무국에 따르면 한국에서 공인 코스의 마라톤 대회에 아마추어 마라토너인 마스터스들이 처음 참가한 것은 1994년이다. 당시 《동아일보》가 경주에서 개최한 대회의 하프코스에 일반인 174명이 첫 참가했으며, 이듬해에는 풀코스에서 162명이 달렸다. 당시 엘리트 선수들이 100명 정도였으니까 참가 선수들이 300명도 안 됐던 것이다. 참가자들은 이후 1996년 781명(5km, 10km, 하프, 풀코스), 1997년 1882명, 1998년 6932명 등으로 급격히 증가했다.

마라톤 대회 참가자들은 외환위기로 국내에 국제통화기금(IMF)의 구제금융이 들어온 시기에 급증했다. 1999년에는 사상 처음으로 마스터스 참가자들이 1만 명(1만 1303명)을 넘어섰다. 대회 운영은 처음으로 마스터스들이 1000명 이상 참가하기 시작했던 1997년만 해도 형편없었다.

당시 68세의 나이로 동아마라톤에 출전했던 박영석 서울마라톤클럽 회장은 "20km 이후 물이 없고 먹을 것도 없어 고생 끝에 5시간 1분의 기록으로 간신히 완주했다."면서 "그 대회 풀코스 완주자 6명이 모여 서울마라톤클럽을 결성했다."고 밝혔다. 박 회장은 "그 해에 조선일보가 주최한 춘천마라톤에서는 15km 지점 이후에 물이 없었는데, 길가에 시민들이 커다란 대야에 물을 떠놓아, 달리면서 목이 마르지는 않았다."면서 "이 같은 엘리트 선수들 위주의 대회 운영에 분개한 우리 클럽이 일반 마스터스들을 위한 대회를 개최하기로 하고 1998년 3월 1일에 한강에서 제1회 서울마라톤 대회를 열었다."고 말했다.

박 회장은 이 대회를 개최하면서 '풀뿌리 마라톤 붐'을 일으켰다고 주장했다. 그는 서울마라톤클럽이 '서울마라톤'이라는 명칭을 사용했기 때문에 다른 마라톤 대회는 같은 명칭을 사용하고 싶어도 사용할 수가 없었다고 말했다. 예컨대 동아일보사가 주최하는 대회는 '서울국제마라톤'이고 서울시가 주최하는 대회는 '하이서울마라톤'이다. '중앙서울마라톤'도 마찬가지이다.

외국의 유명 대회는 뉴욕 마라톤, 보스턴 마라톤, 런던 마라톤 등으로 대부분 개최 도시의 이름을 그대로 사용한다. 2000년대 초 거세게 일어난 마라톤 붐을 타고 서울시는 2003년 제1회 '하이서울마라톤'을 개최했다. 당시 참가 인원은 8474명, 참가 단체는 142개였다. 그러던 것이 2회 대회에서는 참가 인원 7114명, 참가 단체 88개로 약간 주춤했다가 3회 대회 때 참가 인원이 1만 46명으로 1만 명을 돌파했고 참가 단체도 224개로 크게 늘었다.

울트라마라톤이란 무엇인가?

마라톤의 끝은 어디인가? 42.195km인가? 아니다. 요즘 마라톤에 '미친(?)' 사람들에게 42.195km는 하품 나오는 거리다. 풀코스를 100회 넘게 달린 사람만도 국내에 50명이 넘는 것으로 추산된다. 그들은 끝없이 '더, 더 멀리'를 외치고 '더, 더 힘든 코스'를 꿈꾼다. 그들은 서울 100마일(160km) 대회, 제주 일주 200km 및 한라산 종주 148km 대회, 서해 강화도~동해 강릉 308km 대회, 부산 태종대~임진각 537km 대회, 전남 해남 땅끝~강원 고성 643km 대회 등을 전전한다. 이런 대회가 국내에만 벌써 30여 개나 있다. 참가 인원도 3000여 명. 1년 동안 펼쳐지는 챌린지 컵이란 것도 있다. '24시간 달리기(봄)-철인3종 경기(여름)-100km 카누(가을)-100km 크로스컨트리(겨울)'를 모두 통과하는 것이 그것이다.

국내가 답답하다고 느끼는 사람들은 아예 밖으로 눈을 돌린다. 만리장성 달리기, 툰드라 달리기, 안데스 산맥 가로지르기, 에베레스트 산맥 가로지르기, 북극 마라톤 등에 나선다. 그러다가 마침내 세계 4대 극한 마라톤에 도전한다. ① 이집트 사하라 사막 마라톤(250km) ② 중국 고비 사막 마라톤(250km) ③ 칠레 아타카마 사막 마라톤(250km) ④ 남극 마라톤(250km)이 그것이다. 남극 마라톤은 앞의 3대 사막 마라톤을 모두 완주한 사람만 참가할 수 있다. 2007년 1월에 열린 남극 마라톤에는 한국인 1명을 포함해 전 세계에서 19명만 참가했다. 그 정도로 바늘구멍이다. 참가비도 1만 5000달러나 된다.

그들은 왜 42.195km에 만족하지 못하는가? 왜 '더 멀고, 더 힘든 코스'를 꿈꾸는가? 그들은 과연 어디에서 멈출 것인가?

산악 마라톤

　남궁만영 씨는 산에만 가면 펄펄 날아다닌다. 그는 2007년 6월 불암산(507.7m)-수락산(637.7m)-사패산(552m)-도봉산(740m)-북한산(836.5m)에 이르는 소위 '불수사도북 산악 마라톤(67km)'에서 7시간 43분의 역대 최고기록으로 우승했다. 보통 사람들은 15~20시간이나 걸리는 코스. 그뿐인가. 일본 도쿄 산악 마라톤(71.5km)에서는 3번(1997, 2002, 2004년)이나 3위(최고기록 2002년 8시간 52분 57초)를 차지했다. 국내 크고 작은 산악 마라톤 대회 단골 입상은 말할 것도 없다. 키 168cm, 몸무게 61kg.

　그는 1997년 동아마라톤에서 처음으로 풀코스를 완주했다. 그리고 점점 달리기 매력에 빠져 2002년에는 8년이나 근무하던 직장을 미련 없이 때려치웠다. 대신 그가 택한 직업은 개인택시 기사. 이유는 "좀 더 본격적으로 자유롭게 마라톤을 하고 싶어서"가 전부다. 그는 지금도 그 결단에 전혀 미련이 없다. 아니 시원하고 흐뭇하다.

　그는 마라톤 풀코스를 112회나 완주했다. 이중 86회가 3시간 이내인 서브스리. 보통 사람들은 평생 한 번도 하기 힘든 서브스리를 밥 먹듯 한 셈이다. 개인 최고기록은 2005년 5월 일본 도야마 대회에서 세운 2시간 38분 47초. 그는 거의 2주에 한 번 꼴로 풀코스를 달린다. 그러다가 가끔 100km 대회(최고기록 7시간 45분 58초)도 즐겨 나간다.

그는 말한다. "한번 완주할 때마다 뭔가 해냈다는 뿌듯함이 이루 말할 수 없다. 난 달리기에 매달리지 않는다. 그저 좋아서 하다 보니까 1등도 하고 그런 것뿐이다. 앞으로는 철인 3종 경기, 24시간 달리기, MTB 같은 것을 해보고 싶다."

24시간 달리기

　진병환 씨는 24시간 달리기 국가대표 선수다. 키 169cm에 몸무게 62kg. 24시간 달리기란 하루 동안 '누가 가장 먼 거리를 달리는가'를 겨루는 것. 대회는 400m 트랙에서 열린다. 12시간 동안 250바퀴(100km), 24시간 동안 500바퀴(200km) 이상을 돌지 못하면 탈락한다. 선수들은 1분 1초를 아끼기 위해서 피를 말린다. 달리면서 바나나 같은 과일을 먹거나 전복죽 같은 것을 컵에 담아 마신다. 화장실에는 정 급하지 않으면 가지 않는 게 원칙. 하지만 가장 힘든 것은 단조로움이다. 선수들은 '다람쥐 쳇바퀴 도는 듯한' 지루함에 넌덜머리를 내며 중도 포기하는 경우가 많다. 그만큼 인내의 싸움이기도 하다.

　세계대회 우승 기록은 보통 270km대. 진 씨는 전주에서 열린 2008년 세계선수권 선발전에서 229.3km(527바퀴 100m)로 우승했다.

　진 씨는 서울시청 공무원. 100km를 16회나 완주했다. 최고기록은 7시간 16분 37초. 2005, 2006년 100km 국가대표로 활약했다. 마라톤 풀코스는 39회(서브스리 38회) 완주했으며 개인 최고기록은 2시간 41분 15초.

　진 씨는 집이 있는 신림동까지의 퇴근길을 훈련 코스로 활용한다. 서울시청~청계천~옥수역(12km)~동작역(19km)~당산역(26km)~신림역(42km)까지 그날 컨디션에 따라 거리를 조절하며 달린다. 보통 한 달 훈련 거리는 500km 정도. 아침에는 6시에 일어나 1시간 30분 정도 웨이트 트레이닝에 매달린다. 점심은 구내식당에서 해결.

　진 씨는 말한다. "남들이 보면 당연히 미친 짓이라 할 것이다. 하지만 난 달리는 동안 내가 살아 있음을 느낀다. 젊은 사람들이 못하는 것을 내가 한다는 자부심도 있다. 올 9월에 그리스에서 열리는 스파르타슬론 대회(246km)에서 좋은 기록을 내는 게 1차 목표다. 체크포인트가 75곳이나 되는데 제한시간 내 각 체크포인트를 통과하지 못하면 탈락이다."

사막 마라톤

　　창용찬 씨는 미스터코리아(1982년) 출신이다. 1972년부터 1989년까지 보디빌딩 국가대표 선수로 활약했으며 지금도 대한보디빌딩협회 홍보이사를 맡고 있다. 그런 그가 2006년 고비 사막 마라톤(250km)에서 마스터스 깜짝 우승을 차지했다. 2005년에는 사하라 사막 마라톤(250km)도 완주했다. 키 171cm에 몸무게 75kg의 근육질. 한창 보디빌딩을 할 때는 88kg까지 나간 적이 있지만 마라톤을 하면서 많이 줄었다. 배낭 무게 15kg. 보디빌딩 근육은 속근이라 지구력이 약하다. 그는 그 몸으로 6박 7일 동안 매일 30~40km씩 달렸다. 날마다 부여되는 코스에 따라 제한 시간이 각각 달라진다. 오전에 출발해 오후에 캠프 텐트에 들어와 잠을 자는 식이다. 구간 중에는 5일째 80km(제한시간 30시간)를 논스톱으로 달리는 지옥의 코스도 있다. 창 씨는 2005년 사하라 사막 80km 코스에서는 시각장애인 송경태 씨를 끈으로 이끌며 달리다, 한밤에 길을 잃어 두 번이나 졸도하기도 했다. 하지만 그는 이를 악물고 완주했다. "덩치는 큰 게 탈락했다."는 눈총을 받기 싫었던 것이다.

　　사막 마라톤에서는 참가자들이 직접 옷, 식량 등 자기가 필요한 물품을 짊어지고 달린다. 대회 조직위에서는 숙박 텐트와 하루 물 7.5~10리터를 제공하는 게 전부다. 고비 사막에서 그는 배낭 무게를 줄이기 위해 먹을 것도 건식이나 컵라면으로 버텼다. 낮 최고 기온은 섭씨 56도. 다행히 고비는 사하라처럼 밤에 기온이 영하로 내려가지는 않았다. 모래 위에 침낭을 펴고 누우면 수많은 별들이 손에 닿을 듯 하늘에 주렁주렁 매달려 있었다.

창 씨의 마라톤 입문은 1999년. 2001년에 첫 풀코스를 뛴 이래 지금까지 24번을 완주했다. 개인 최고기록은 3시간 27분 38초. 105km도 1번 완주했다.

창 씨는 말한다. "8월에 칠레 아타카마 사막 마라톤에 참가한 뒤 곧바로 남극 마라톤에 가고 싶다. 막상 가서 달릴 때보다 준비하는 기간이 더 긴장되고 설렌다. 꼭 소풍가기 전날 밤 같다. 인생은 늘 뭔가에 대한 도전의 과정이라고 생각한다."

마라톤 트랙 게임 즐기기

　육상의 꽃은 마라톤이다. 그렇다면 마라톤의 꽃은 무엇일까? 그것은 뭐니 뭐니 해도 '트랙 게임'이다. 트랙 게임이란 마지막 결승선을 앞두고 트랙이 있는 경기장 안에서 펼쳐지는 '마지막 승부'를 말한다. 2명이 거의 동시에 경기장 트랙에 들어온다면? 아니 3명이 앞서거니 뒤서거니 선두 다툼을 하며 들어선다면? 아마 경기장의 수많은 관중들은 그만 숨이 꼴깍! 넘어갈 것이다. 입에 침이 마르고, 자기도 모르게 손바닥이 터져라 박수를 쳐댈 것이다. 남은 거리는 길어야 300~400m. 시간으로는 길어야 50여 초도 되지 않는 짧은 시간.

　트랙 게임을 벌이는 선수들은 피가 마른다. 입술이 바싹바싹 타고, 심장은 금방이라도 터질 것 같다. 몸은 천근만근 자꾸만 땅속으로 가라앉는다. 오직 정신력으로, 본능적으로 다리를 옮길 뿐이다. 앞선 선수는 그대로 결승선에 골인해야 한다. 쫓아가는 선수는 젖 먹던 힘을 다해서라도 앞선 선수를 따라잡고 제쳐야 한다. 하지만 100리가 넘는 먼 길을 달려온 선수에게 그 한두 걸음 차이는 천리만큼이나 크게 느껴진다.

　이봉주는 이런 트랙 게임에서 두 번이나 지고 말았다. 첫 번째는 1996년 경주 동아국제마라톤에서 포르투갈의 스페인 마틴 피스에게 1초 늦은 2위(2시간 8분 26초)에 들어온 것이다. 거리로는 5~6m 차이. 두고두고 땅을 칠 일이었다. 그러나 이봉주의 트랙 게임 징크스는 여기에서 끝나지 않았다. 그해 곧이어 열린 애틀랜타 올림픽에서 또 3초 차로 2위(2시간 12분 39초)에 머문 것이다. 올림픽 남자 마라톤 사상 가장 짧은 시간 차다. 1위는 남아공의 조슈아 투과니. 거리로는 15~18m 정도.

"경기장에 들어서기까지 50여m 떨어졌지만 죽을힘을 다해 조금씩 좁혀가고 있었다. 투과니와 한 15m 정도 떨어져서 잘하면 잡을 수 있겠다고 생각했었는데 바로 결승선이 보였다. 결승선이 조금만 더 멀리 있었다면 충분히 따라잡을 수 있었는데 너무 원통하고 억울했다."

이봉주가 트랙 경기에서 지기만 한 것은 아니다. 이긴 적도 두 번이나 있다. 한번은 1995년 3월 경주에서 열린 동아국제마라톤. 당시 이봉주는 스물다섯의 한창 때였다. 8개국에서 95명이 참가했지만 30km가 지나자 이봉주-네루카(영국)-에스피노자(멕시코)-마티아스(포르투갈) 4명으로 좁혀졌다. 이들은 서로를 견제하며 이제나 저제나 마지막 스퍼트 기회만 노리고 있었다. 그리고 마침내 38km 지점에서 이봉주가 맨 먼저 뛰쳐나갔다. 하지만 나머지 3명의 선수들도 안간힘을 다하며 바로 뒤를 따라 붙었다. 코스는 서서히 오르막에 접어들어 결국 지구력 싸움이 됐다. 경주 북군동에서 한화 콘도에 이르는 고개에서 에스피노자와 마티아스가 떨어져 나갔다.

영국의 대학생 마라토너 네루카는 힘이 좋았다. 씩씩대며 이봉주 뒤를 끈질기게 따라 붙었다. 당시 결승선은 유감스럽게도 경주 현대호텔 정문 앞. 트랙은 없었지만 트랙 경주나 마찬가지였다. 길가에는 수많은 경주 시민들이 손에 땀을 쥐며 "이봉주 파이팅"을 외쳤다. 이봉주는 시민들의 기대를 저버리지 않았다. 그렇게 진드기같이 따라붙던 네루카도 조금씩 뒤처지기 시작했다. 마침내 이봉주가 네루카를 약 27m 앞서 5초 차 우승(2시간 10분 58초). 이봉주 생애 첫 국제대회 우승이었다.

이봉주의 두 번째 트랙 게임 승리는 2007년 서울국제마라톤. 결승선을 1.575km를 앞둔 40.62km 지점. 한때 30여m까지 떨어졌던 이봉주가 어느새 케냐의 키루이와 어깨를 나란히 하더니 갑자기 뛰쳐나가기 시작했다. 길가 시민들은 처음에는 설마 하며 자신의 눈을 의심했다. "원 세상에!" 모두들 자신도 모르게 박수를 치며 목이 터져라 응원하기 시작했다. 결국 이봉주는 2시간 8분 04초의 기록으로 결승선을 맨 먼저 통과했다. 약 137m 뒤에 처진 키루이는 25초 늦은 2시간 8분 29초의 기록으로 2위로 골인했다.

트랙 게임은 엘리트 선수들만 하는 게 아니다. 오히려 아마추어인 마스터스들이 부담 없이 즐길 수 있다. 엘리트 선수들의 트랙 게임은 피를 말리는 처절한 경주다. 하지만 마스터스는 그런 절박함이 필요 없다. 그저 트랙에 들어섰을 때 '앞선 주자를 하나둘 제치기'만 하면 된다. 보통 마스터스의 경우 경기장 트랙에 들어서면 자신보다 앞서 달리는 주자가 많다. 이들은 거의 자신과 기록이 비슷하다. 마음만 먹으면 얼마든지 앞서갈 수 있다.

60대 서브스리마스터스(3시간 이내 완주한 마스터스) 윤용운 씨는 마지막 트랙 승부를 즐기는 것으로 유명하다. 7년 경력에 15번 넘게 풀코스 완주. 2004년과 2005년 트랙 승부로 서브스리를 두 번이나 아슬아슬하게 들어왔다. 2004년 2시간 59분 51초, 2005년 4초 앞당긴 2시간 59분 47초.

"마라톤은 과학이다. 난 마지막 1km에 승부를 건다. 그 전까진 오버하지 않고 참고 또 참는다. 트랙에 들어서면 내 모든 힘을 다 쏟아 붓는다. 머릿속은 텅 비고, 가슴은 숨이 끊어질 듯 아프지만, 몰입하는 그 순간이 너무너무 짜릿하다. 보통 트랙에서 일고여덟 명을 따라잡는다. 하지만 그것은 내가 최선을 다해 달린 것에 대한 부차적인 것이다. 물론 나를 추월하는 마스터스도 반드시 한두 명은 있다. 난 그들의 뒷모습을 바라보면서 '참 대단하다, 경이롭다' 생각한다. 가끔 결승선에 들어와서 힘이 남는 경우가 있다. 그럴 땐 나 자신에게 마구 화를 낸다. '왜 마지막 한 방울까지 힘을 쏟지 못했는가', '왜 결승선을 통과한 뒤 쓰러질 정도로 달리지 못했는가'에 대한 자책인 것이다."

트랙 게임을 벌이는 선수들은 모두가 승자다. 누가 이기든 그것은 상관없다. 그들은 42.195km의 105리 길을 마지막 땀 한 방울까지 쏟으며

달려왔다. 마지막 마른 수건에서 또 물을 짜내는 것이다.

　새 중에서 쉬지 않고 가장 멀리 날아가는 것은 '큰뒷부리도요'다. 이 새는 1만km가 넘는 거리를 2000m 상공에서 평균 시속 56km로 쉬지 않고 6~7일을 날아간다. 뉴질랜드에서 황해를 거쳐 알래스카로 이동하는 것이다. 몸길이 41cm, 몸무게 250g. 이들이 목적지에 도착하면 지방과 근육 속의 에너지가 모두 바닥나 뼈와 가죽만 남는다. 금강 하구에 막 도착하면 날갯죽지를 축 늘어뜨린 채 제대로 몸을 가누지 못할 정도로 지쳐 있다. 42.195km를 달려온 마라토너도 이 새와 닮았다. 한번 완주하고 나면 몸무게가 3~4kg 빠진다. 얼굴은 쪼글쪼글하고 뼈와 가죽만 남는다. 뼈와 가죽만 남은 그 몸으로 마지막 승부를 벌이다니! 마라톤 트랙 게임은 '영혼의 게임'이다.

마라톤 기록 계측 칩 사용

　마라톤 대회 참가자들이 기하급수로 늘어나자 대회 주최측은 기록 계측용 '칩'을 사용하기 시작했다. 국내 업체가 개발한 '스피드칩'이나 외국 업체의 '챔피언칩'은 작고 가벼운 원반 또는 사각형 전자 신호 발생기로 선수가 이것을 신발 끈이나 배 번호 뒤에 부착하고 달리면 구간별 각 기록 계측 지점에 설치된 매트형 안테나와 통신해 정확한 기록을 측정해 주는 기구다. 칩은 2만 원이 넘는 고가이기 때문에 경기 후 반환해야 한다. 돌려주지 않을 경우 블랙리스트에 올라 큰 대회 참가가 자동적으로 제한된다.

　1998년 조선일보 춘천마라톤은 국내 대회 중 최초로 기록 계측을 위한 이른바 '스피드칩'을 사용했으며, 이후 국내 마라톤 대회는 거의 모두 '스피드칩'이나 '챔피언칩'을 이용한 전자식 자동 기록 계측 시스템으로 기록을 측정했다. 칩 덕분에 마라톤 대회 주최측은 수만 명에 달하는 참가자들의 기록을 모두 정확히 측정할 수 있게 됐다.

　《러닝라이프》의 김수남 대표는 "기록 계측 칩이 도입되면서 정확한 기록이 산출됐다."면서 "또 주최측으로서는 선수들의 배 번호, 남녀, 소속, 청소년 여부, 기록 등을 일일이 30여 명에 달하는 심판들이 확인하던 번거로운 절차를 줄일 수 있어 비용도 줄이고 순위도 정확하게 낼 수 있게 됐다."고 말했다.

마라토너들은 선글라스를 좋아한다?

왜 마라토너들은 선글라스를 끼고 달릴까? 그것은 같이 달리는 다른 선수들에게 자신의 표정을 숨기기 위한 것이다. 자신이 얼마나 지쳤는지 모르게 하는 것은 마라톤에서 매우 중요하다. 도박판이나 게임에서 무표정을 가장하고 있는 포커페이스 전략인 셈이다.

선글라스를 쓰고 달리면 밤에 달리는 듯한 효과도 있다. 보통 똑같은 코스라도 낮에 달리는 것보다는 밤에 달리는 것이 기록이 빨라진다. 하지만 몸에 뭘 걸치는 것을 싫어하는 선수들도 많다. 결국 선수에 따라 선글라스를 쓰기도 하고 안 쓰기도 한다.

세계 유명 마라톤 대회는?

세계에서 가장 유명한 마라톤 대회는 어디일까? 전문가들은 주저 없이 '5대 마라톤 대회'를 꼽는다. 1897년에 시작된 세계 최고 권위 대회인 보스턴 마라톤 대회, 뉴욕 시민들이 만들어낸 뉴욕 마라톤, 상금이 가장 많아 '마라톤 세계 톱10' 선수들이 즐겨 찾는 런던 마라톤, 코스가 평탄하고 좋아 기록이 잘 나오는 베를린 마라톤과 시카고 마라톤이다. 미국에 3개 대회가 있고 유럽에 2개 대회가 있다. 보스턴 대회는 '죽음의 코스'로 유명하다. 하지만 1회 이래 한 차례도 코스를 바꾼 적이 없다. 그런 힘든 코스야말로 마라톤 정신을 가장 잘 반영한 것이라고 여긴다.

2003년 9월 28일 세계최고기록(폴 터갓 2시간 4분 55초)이 나온 베를린 마라톤 코스는 런던, 시카고와 함께 '세계 3대 세계최고기록 산실'로 불리는 곳이다. 모두 표고차 20m 이하의 평탄하고 굴곡이 적은 쉬운 코스다. 베를린 시내를 돌아 브란덴부르크 문으로 들어오는 베를린 순환 코스에서는 브라질의 호날두 다 코스타(2시간 6분 5초, 1998년 당시 세계최고기록)와 일본 다카하시 나오코(2시간 19분 46초, 2001년 당시 여자 세계최고기록) 게브르셀라시에(2007년, 2008년) 등 4개의 남녀 세계최고기록이 쏟아졌다.

런던 코스는 바닥이 돌로 된 곳이 많고, 시내 곳곳을 구불구불 도는 곳이 많다는 약점이 있다. 돌바닥은 그만큼 무릎에 충격을 많이 준다. 또한 굴곡이 많으면 아무래도 전속력으로 달리지 못한다. 대신 런던 대

역대 세계 마라톤 10걸(2011년 3월 현재)

순위	기록	이름(국가)	날짜(장소)
①	2시간 3분 59초	하일레 게브르셀라시에(에티오피아)	2008년 9월 (베를린)
②	2시간 4분 26초	하이레 게브르셀라시에(에티오피아)	2007년 9월 (베를린)
③	2시간 4분 55초	폴 터갓(케냐)	2003년 9월 (베를린)
④	2시간 4분 56초	새미 코리르(케냐)	2003년 9월 (베를린)
⑤	2시간 5분 38초	할리드 하누치(미국)	2002년 4월 (런던)
⑥	2시간 5분 42초	할리드 하누치(미국)	1999년 10월 (시카고)
⑦	2시간 5분 48초	폴 터갓(케냐)	2002년 4월 (런던)
⑧	2시간 5분 50초	에반스 루토(케냐)	2003년 10월 (시카고)
⑨	2시간 5분 56초	할리드 하누치(미국)	2002년 10월 (시카고)
⑩	2시간 6분 5초	호날두 다 코스타(브라질)	1998년 9월 (베를린)

회에는 세계 톱스타 대부분이 비싼 돈을 받고 오기 때문에 경쟁이 치열하다.

역대 남자 세계최고기록 톱10 가운데 베를린 코스에서 1, 2, 3위 기록을 포함해 5개(여자 포함 6개)의 세계최고기록이 나왔다. 시카고 코스에서는 3개, 런던 코스에서는 2개가 나왔다.

페이스메이커란 무엇인가?

페이스메이커는 일정한 거리까지 선두를 끌어주는 역할을 하는 '육상 용병'이라 할 수 있다. 요즘에는 1500m, 3000m 같은 트랙 경기에서도 흔히 볼 수 있다. 주로 800m 선수들이 '트랙 용병'으로 나서 빠르기를 이끌다 적당한 순간에 빠지거나 꼴찌로 처진다.

여자 마라톤 경기 같은 경우는 남자 선수가 페이스메이커로 나서 결승선까지 끌어줄 뿐만 아니라 앞에서 바람까지 막아준다. 사이클에도 페이스메이커가 있다. 미국의 랜스 암스트롱도 만약 그의 팀 동료들의 훌륭한 페이스메이커 역할이 없었다면 투르 드 프랑스에서 내리 7번이나 우승할 수 없었을 것이다. 일부에서는 페이스메이커 자체를 아예 부정적으로 본다. 이들은 "목장에 있는 말을 따라 달리면 마라톤 2시간 벽도 얼마든지 깰 수 있다."고 주장한다.

요즘 마라톤 페이스메이커는 다른 선수와 뚜렷이 구별되도록 하기 위해 원색 유니폼 차림이 보통이다. 배 번호도 다르다. 아예 얼마의 속도로 달릴 것이라고 다른 선수들에게 미리 알려주기까지 한다.

2003년 4월 런던 마라톤에서는 폴라 래드클리프가 2시간 15분 25초라는 놀라운 기록으로 여자 세계최고기록을 세우며 우승을 차지했다. 이때 래드클리프는 무려 5명의 남자 페이스메이커에 둘러싸여 결승선까지 달려 '과연 그 기록을 인정할 수 있는가' 하는 것으로 눈총을 받았다.

그것도 남자 선수와 여자 선수가 동시에 출발한 것이 아니다. 같이 출발한다면 남자 선수들이 여자 선수와 비슷한 빠르기로 뛴다고 해서 하나도 이상할 것이 없다. 남자 선수들도 느린 선수가 있기 때문이다. 하지만 그날 여자 선수들은 남자 선수들보다 15분이나 먼저 출발했다. 그런데도 남자 페이스메이커 5명이 출발부터 래드클리프를 이끌었다. 여자 선수들 가운데 남자 선수는 오직 페이스메이커 5명만 있었던 것이다.

당시 이봉주도 런던 대회에 참가했다. 하지만 대회 조직위는 남자 레이스에는 전혀 관심이 없었다. 페이스메이커도 20km까지만 끌어주고 사라져 버렸다. 이봉주는 내심 한국 최고기록을 세우고 싶었다. 하지만 선수들은 페이스메이커가 사라지자 눈치 싸움을 벌이기 시작했다. 뛰쳐나가기보다는 시종 순위 경쟁만 펼친 것이다. 결국 선두권 스피드가 점점 느려지기 시작했다. 이때 '애가 닳은' 이봉주가 뛰쳐나갔다. 졸지에 이봉주가 페이스메이커 역할을 하게 된 것이다. 다른 선수들은 이봉주 뒤를 묵묵히 따르며 이봉주가 지치기를 기다렸다. 선두에서 끌게 되면 리듬을 잃고, 빨리 지치기 마련이다. 결국 이봉주는 2시간 8분 10초로 7위에 그쳤다. 이봉주는 분통을 터트리며 대회조직위를 원망했지만 어쩔 수 없는 일이었다.

국제육상연맹 규정에는 마라톤 선수가 그 누구의 도움을 받아서는 안 되게 돼 있다. 마라톤 선수가 결승선을 1m 앞에 두고 쓰러졌다 해도 아무도 그 선수를 일으키거나 손을 대면 안 된다. 혼자의 힘으로 일어나 결승선을 통과할 때만 기록으로 인정받는다. 하지만 국제육상연맹은 래드클리프의 기록을 "아무런 문제 없다."며 인증해 줬다.

그만큼 현대 마라톤에서 페이스메이커의 역할은 절대적이다. 그들의 역할이 옛날에 비해 엄청나게 커진 것이다. 올림픽이나 세계 선수권대회 같은 경우에는 공식적으로 페이스메이커가 없다. 기준 기록을 통과할 경우 한 국가에서 최고 3명까지 나올 수 있으므로 이 경우 국가에 따라 3명 중 1명을 페이스메이커로 활용하는 경우가 있을 뿐이다.

"페이스메이커가 35km 지점까지만 같이 달려줬다면 한국 최고기록도 얼마든지 가능했었는데 그게 조금 아쉽다." 2007년 서울국제마라톤에서 우승한 이봉주가 나중에 한 말이다. 당초 페이스메이커로 케냐 선수들 2명과 계약할 때 '5km를 15분 속도로 30km까지만 달리기로' 한 것이다. 그들은 임무를 무사히 마치고 30km 지점에서 달리기를 멈췄다. 2명의 페이스메이커들은 30km 이후 더 달리게 되면, 1km씩 일정한 보너스를 더 받기로 했지만 이들은 그만 포기해 버렸다. 만약 페이스메이커가 35km 지점까지 끌어주고 이봉주와 키루이가 좀 일찍 맞붙었다면 한국 최고기록은 물론 2시간 6분대 기록까지 나왔을지도 모른다.

페이스메이커는 경험을 쌓아가는 풋내기들이 대부분이다. 5000m, 1만m, 하프코스(21.0975km)를 달리면서 스피드를 키우고, 그 후에는 페이스메이커를 하면서 훈련 비용도 벌고 경험도 쌓는다. 만약 그들이 35km까지 그런 속도로 달릴 수 있다면 내친김에 결승선까지 달려 우승할 수도 있다.

페이스메이커가 우승하게 되면 상금도 많이 받는다. 페이스메이커 계약금에다 우승 상금까지 챙길 수 있다. 세계적인 마라톤 대회(보스턴, 뉴욕, 시카고, 런던, 베를린)에서는 반드시 페이스메이커를 고용해 2시간 6~7분대의 기록을 유도한다. 보통 '5km 14분대 후반이나 15분 빠르기'로 선두권을 끌고 간다. 세계 최고기록이 나온 베를린 코스 같은 경우는 페이스메이커의 빠르기도 엄청나다. 페이스메이커도 선두권을 이끄는 '1그룹'과 그 다음 그룹을 이끄는 '2그룹'이 있는 게 일반적이다.

페이스메이커가 너무 빨리 달려도 문제가 된다. 선수들이 초반에 오버하게 되면 후반에 지쳐 잘 달리지 못하기 때문이다. 2005년 3월에 열린 서울국제마라톤이 그 좋은 예다. 동아일보사는 2004년 남아공의 거트 타이스가 세운 대회 최고기록 2시간 7분 6초를 깨기 위해 존 유다(탄자니아) 등 내로라하는 전문 페이스메이커들을 대거 불러들였다. 하지만 이들은 선두권을 너무 빨리 끌었다. 25km까지 1시간 14분 22초. 이 기록은 2003년 베를린 마라톤에서 세계 최고기록을 세운 폴 터갓의 1시간 14분 40초보다도 무려 18초 빠른 것이다. 아니나 다를까. 30km 지점 이후부터 선두권의 빠르기가 급격하게 떨어졌다. 5km를 14분 55초~15분 정도로 끌었어야 했는데 그만 10여 초 정도 앞당겨 끌었던 것이다. 결국 케냐의 윌리엄 킵상이 우승을 차지했지만 기록은 2시간 8분 53초로 기대에 미치지 못했다.

마라톤 식이요법이란 무엇인가?

1980년대 어느 날. '한국 마라톤의 대부' 정봉수 코오롱 마라톤 감독은 숙소에서 선수들을 불러 모았다. 정 감독은 아무 말 없이 고무주머니 2개를 주섬주섬 꺼냈다. 그러고는 한쪽 주머니에는 1되가량의 밥을, 또 다른 주머니에는 1홉쯤 되는 밥을 넣었다. 선수들은 그저 정 감독을 멀뚱멀뚱 바라볼 뿐이었다.

잠시 후 정 감독은 선수 2명을 나오라고 하더니 주머니를 두 시간 동안 계속 흔들라며 하나씩 건네주었다. 두 선수는 의아해하면서도 따를 수밖에 없었다. 얼마나 지났을까. 말없이 지켜보던 정 감독이 주머니들을 받아들었다. 그러고는 두 주머니의 빈 공간을 가리켰다. 놀랍게도 1되 밥주머니가, 1홉 밥주머니보다 빈 공간이 더 많았다. 1되 밥주머니는 손가락으로 가만히 찌르자 푹 꺼질 정도였다. 1되 밥주머니는 풍선처럼 부풀어 올랐지만, 1홉 밥주머니는 조금밖에 커지지 않았던 것이다.

"이것 봐라. 사람 위도 똑같다. 밥을 많이 먹고 2시간 넘게 달린 사람은 30km 이후 지점에서 허기가 져서 스퍼트를 할 수 없게 된다. 즉 지구력이 없어진다는 말이다. 평상시 적게 먹어 위를 작게 만들어야 한다. 대신 칼로리가 높은 단백질 음식을 먹으면 된다."

1980년대 일본 마라톤은 세계무대에서 펄펄 날았다. 도시히코 세코가 1981년 보스턴, 1986년 런던, 시카고 대회에서 우승한 것을 비롯해

1985년 베이징 대회에서 나란히 1, 2위를 차지한 쌍둥이 형제 소 시게루, 소 다케시 등 내로라하는 선수들이 많았다.

정 감독은 답답했다. 체구가 비슷한 일본인들이 해내는데 왜 우리는 안 될까? 틈만 나면 일본으로 날아가 곁눈질로 그들의 훈련 방법을 배우기 시작했다. 서울로 돌아오면 그들과 똑같은 방법으로 선수들을 맹훈련시켰다. 하지만 그뿐이었다. 우리 선수들은 30km가 넘으면 배가 고파 못 뛰겠다고 징징댔다. 40km부터는 아예 어기적어기적 기다시피 했다.

문제는 밥그릇 수북한 '머슴 밥'이었다. 한국 선수들은 위가 장구통이었던 것. 모두 가난에 찌들려 자랐던 터라 밥만 보면 두세 그릇씩 뚝딱 해치웠다. 당시 일본 선수들은 이미 '식이요법'까지 하고 있었다. 위를 작게 만드는 것이 평상시 '1차 식이요법'이라면, 대회 일주일 앞서 하는 건 진짜 '2차 식이요법'이었다. 하지만 그 누구도 알려주지 않았다. 정 감독은 애가 닳았다. 그리고 천신만고 끝에 이를 알아내 우리 선수들에게 적용할 수 있었다. 김완기, 황영조, 이봉주가 탄생하는 순간이었다.

요즘에는 마스터스 마라토너들도 식이요법을 하는 예가 흔하다. 하지만 성공하는 경우는 생각보다 많지 않다. 2007년 서울국제마라톤 남자 마스터스 2위를 차지한 김영복 씨(2시간 28분 40초)는 "2003년 처음 해봤는데 실패했다. 식이요법 기간 중에 강훈련을 한 것이 탈이었다. 이번 서울국제마라톤에 참가하면서 두 번째(7끼) 해봤는데 솔직히 그 효과는 잘 모르겠다. 훈련량에 비해서 잘 뛴 것 같기도 하고, 마지막에 힘이 떨어진 것을 보면 그렇지 않은 것 같기도 하고……."라고 말한다.

식이요법은 보통 레이스 6일 전부터 시작한다. 처음 사흘(9끼)은 내리 단백질(소고기 연한 부분)만 먹다가, 그 이후에는 집중적으로 탄수화물(밥,

국수 등)을 섭취하는 방식이다. 이렇게 하면 인체는 평소보다 훨씬 더 많은 탄수화물을 저장하게 된다. 탄수화물은 달리는 데 필요한 에너지 즉 글리코겐의 원천이다.

이봉주는 2004년 아테네 올림픽에서 레이스 6일 전에 6끼를 했다. 평소 8끼에서 2끼를 줄인 것이다. 오인환 감독(49)은 "아테네 날씨가 너무 더워 자칫 탈진할 수도 있기 때문."이라고 설명했다.

식이요법은 만능은 아니다. 위장이 약한 선수는 오히려 역효과가 난다. 한창 성장하고 있는 어린이나 청소년들도 안 하는 게 좋다. 김이용이 그 좋은 예다. 김이용은 위장이 유난히 약하다. 코오롱 시절 그는 식이요법 때마다 먹었던 고기를 토하기까지 했고, 끝내는 위에 혹이 생겨 제거수술을 받아야 했다.

식이요법은 일본, 한국, 그리고 스페인을 비롯한 일부 유럽의 마라토너들이 요즘도 하고 있다. 하지만 아프리카 선수들은 거의 하지 않는다. 한때 세계최고기록(2시간 4분 55초) 보유자였던 케냐의 폴 터갓도 하지 않았다. 기껏 레이스 2,3일 전부터 탄수화물 섭취를 늘리는 정도가 고작. 지구력을 늘리려고 식이요법을 하다가 자칫 무리해 컨디션을 망치면, 흑인들의 장기인 스피드조차 죽는다는 것이다.

식이요법은 1960년대 어느 스웨덴 학자의 "인체는 몸 안에 부족한 게 생기면 다음에 더 많이 저장하려는 본능(보상기전)이 있다."는 학설로부터 시작됐다. 가령 아프리카 부시맨들의 엉덩이가 볼록한 것은 그들의 '사막 적응 흔적'이라고 말한다. 부시맨들은 일반인들보다 훨씬 오랫동안 물과 음식을 먹지 않고도 견딜 수 있다. '볼록 엉덩이 밑에 저장해놓은 에너지' 덕분이다. 사막에서는 어느 땐 배불리 먹지만, 어느 땐 며칠씩 굶어야 한다. 부시맨들은 3만 년 동안 아프리카 남부 칼라하리 사막 덤불에서 그렇게 살아왔다. 그러면서 어느 순간 자연스럽게 엉덩이가 볼록해졌다. 그 볼록한 근육 밑에 '최악의 상황'에 대비한 에너지를 저장하게 된 것이다.

오스트리아 프로축구 리그에서 활약했던 '날쌘돌이' 서정원도 식이요법을 활용했다. 월요일부터 목요일까지 주로 고기류를 먹고 경기가 있는 토요일 전후인 금요일부터 일요일까지는 밥이나 스파게티 등 탄수화물을 주로 섭취했다. 마스터스 마라토너들도 서정원처럼 하면 될 것이다.

무리한 식이요법은 아예 안 하느니만 못하다. 요즘 식이요법으로 후유증을 겪는 마스터스들이 부쩍 늘었다. 황규훈 대한육상연맹 부회장은 "풀코스를 2시간 20분대에 완주하는 정도라면 식이요법을 안 하고도 얼마든지 가능하다."고 말한다.

고지 훈련

　히말라야 트레킹이 인기다. 트레킹은 눈 덮인 히말라야 설산을 순례하는 것을 말한다. 물론 엄홍길, 박영석, 한왕용 같은 전문 산사나이들처럼 에베레스트 정상(8848m)이나 해발 8000m가 넘는 산꼭대기까지 오르는 것은 아니다. 보통 3000~5000m 높이까지 오르락내리락하며 눈 덮인 히말라야의 아름다운 산들을 감상하는 것이다.

　그렇다 해도 만만치 않다. 바로 고소 증세 때문이다. 높이가 3000m만 돼도 공기 중 산소가 평지의 70~75%밖에 되지 않는다. 자연히 숨이 가빠지고 머리가 아프다. 심하면 토하거나 술 취한 사람처럼 잘 걷지도 못한다. 한마디로 '가벼운 정신 이상'이 온다고나 할까. 몸은 천근만근 물에 젖은 솜처럼 무겁고, 별일도 아닌 작은 것에 화를 버럭버럭 내게 된다. 이럴 때는 낮은 곳으로 내려가는 수밖에 뾰족한 방법이 없다.

　고소 증세를 겪지 않으려면 달팽이처럼 천천히 걸어야 한다. 될 수 있으면 힘을 쓰지 않는 게 좋다. 화장실에 가서도 힘을 너무 주면 큰일 난다. 해발 4000m쯤 되면 하루에 100m 이상 오르면 안 된다. 중간에 롯지(여관) 같은 곳에서 하룻밤 묵고, 아침 느지막하게 나무늘보나 굼벵이처럼 느릿느릿 움직이는 게 으뜸이다. 너무 부지런을 떨기보다는 게으른 게 훨씬 도움이 된다.

　마라톤 고지 훈련은 바로 이러한 현상을 거꾸로 활용한 것이다. 고지에 올라가면 우리 인체는 어떻게 하든 산소를 최대한 많이 흡수하려고 한다. 그러다 보면 혈액 중 산소 운반과 밀접한 관련이 있는 적혈구나 헤모글로빈 수치가 크게 증가한다. 한마디로 높은 곳에서 오랫동안 훈련하다 보면 자신도 모르게 적혈구 수가 크게 늘어나게 된다. 결국 이러한 몸 상태로 평지에서 달리게 된다면 산소를 더 많이 섭취하게 된다. 그만큼 피로를 덜 느끼게 되고, 기록이 좋아진다. 산소는 몸 안에 있는 에너지를 태울 때 없어서는 안 될 중요한 원소다. 마라토너는 35km쯤 지나면 몸속의 탄수화물을 모두 소비하게 된다. 그 이후에는 지방을 태워 에너지원으로 삼아야 하는데 지방을 태우려면 탄수화물보다 산소가 1.4배 더 필요하다.

학자들은 "동아프리카 국가(케냐, 에티오피아, 탄자니아) 선수들이 마라톤에 강한 것은 바로 그들이 태어날 때부터 해발 2000~3000m의 고원에서 살기 때문"이라고 말한다. 그만큼 그들은 산소 섭취 능력이 평지 국가 선수들보다 뛰어나다는 것이다.

고지대 훈련은 보통 1900~2300m가 최적인 것으로 알려졌다. 산소가 평지보다 20% 정도 부족한 곳이다. 높이가 너무 낮으면 적혈구 형성이 되지 않고, 3000m가 넘는 곳에서는 근육이 위축되고, 숨이 가빠 제대로 훈련을 할 수 없기 때문이다.

세계적으로 유명한 고지 훈련 장소는 미국 콜로라도의 볼더, 미국 뉴멕시코의 앨버커키, 스위스 생 모리츠, 중국 쿤밍을 손꼽는다. 요즘은 마라톤 선수뿐만 아니라 축구, 수영 등 다른 종목 선수들까지 이곳을 찾아 훈련을 하는 경우가 많다.

고지 훈련에서 가장 중요한 것은 '과연 고지에서 얼마 동안 훈련을 하느냐와 '고지에서 내려온 지 얼마 후에 대회에 나가느냐' 하는 것이다. 이것은 사람에 따라 궁합이 가지각색이다. 어느 선수는 한 달쯤 해야 효과가 나타나고, 어느 선수는 40일 정도 해야 효과를 본다. 고지 훈련 얼마 후에 레이스를 펼치느냐 하는 것도 마찬가지이다. 전문가들은 보통 2~3주 정도가 알맞다고 말한다. 그때 헤모글로빈 수치가 최대가 된다는 것이다. 하지만 한 달이 넘어야 최대치가 되는 선수도 있다. 결국 선수 각각에 맞는 궁합을 찾는 게 중요하다.

고지 훈련을 할 때는 수분을 많이 섭취해야 한다. 헤모글로빈의 수치가 올라가 혈액이 조금 끈적끈적해지는데 이를 막기 위해 수분을 자주 보충해야 하는 것이다. 음식도 싱겁게 먹고 지방이 많은 것은 절대 금물이다. 건조한 곳이라서 관절 부상 위험도 크다. 감기도 조심해야 한다. 숙소에는 늘 가습기를 틀어놓아야 하고, 핸드크림, 피부연고 등도 준비해야 한다.

고지 훈련 때에는, 훈련은 저지대에서 하고 잠은 고지대에서 자는 것이 최적인 것으로 밝혀졌다. 이른바 'Living High-Training Low'다. 최소 3주는 되어야 하고 훈련 횟수는 1년에 한 번 이상, 최대 3회를 권장한다. 고지 훈련 효과는 8주 정도 지속된다고 본다. 선수에 따라 약간 다르기는 하지만 일반적으로 고지 훈련 최대효과는 고지 훈련을 마친 뒤 10~30일 사이의 20일 정도로 본다.

우리나라에도 고지 훈련장이 있다. 1998년 대한체육회가 강원도 함백산에 세운 태릉선수촌 태백 분촌이 바로 그곳이다. 하지만 높이가 1330m 정도라 별 쓸모가 없다. 최소 1900m는 넘어야 한다. 국내 마라톤 선수들도 거의 찾지 않는다. 주먹구구 행정의 일례라 할 수 있다.

휴식

마라톤은 부상과의 싸움이다. 하루 50km씩 달리는 선수들에게는 언제 어떻게 부상이 올지 모른다. 부상당하지 않으려면 달리기 전에 몸을 충분히 풀어줘야 한다. 몸을 덥혀서 근육을 부드럽게 해줘야 한다. 자동차에 갑자기 시동을 걸어 출발시키면 고장이 잦은 거나 똑같다. 훈련이 끝나고 나서도 마찬가지다. 그냥 주저앉아 버리면 부상 위험이 크다. 아무리 힘들어도 가벼운 조깅으로 몸을 서서히 식혀줘야 한다. 그래서 마라톤 선수들은 한번 42.195km 풀코스를 달리지만, 실제 달리는 거리는 45km가 넘는다. 출발 전후 조깅 거리가 있기 때문이다.

마라톤 선수들은 보통 한 대회가 끝나면 15~30일 정도 '슬슬 뛰면서' 쉰다. 그러다가 2개월째부터 조금씩 훈련량을 늘린다. 본격 훈련은 3개월쯤 지나야 시작한다. 결국 많아야 1년에 2회 정도 대회에 나갈 수 있는 것이다. 보통 경기 바로 이튿날에도 최소 한 시간 이상 조깅을 한다. 그리고 냉탕 샤워를 즐긴다. 여자 마라톤 세계기록 보유자인 영국의 폴라 래드클리프는 아예 '얼음물 목욕'을 한다. 그는 레이스 후 욕조에 얼음이 동동 뜨도록 물을 가득 채운 뒤 10~20분씩 목만 내놓고 있다.

마라톤 선수가 풀코스를 완주하고 나면 근육, 인대, 관절 등이 늘어나거나 달아오른다. 그런 상태에서는 자칫 부상이 오기 쉽다. 얼음으로 근육 등을 급속 냉동시키면 이런 위험이 적어진다. 흔히 축구 경기에서 부상 선수에게 뿌리는 것이 바로 '냉동 약물'이다. 일부 팬들은 그것을 '뿌리는 물파스'로 알고 있는데 사실은 부상 부위의 근육을 얼리는 것(아이싱)이다.

'러너스 하이'는 무엇인가?

운동을 하면 즐겁다. 그래서 홀딱 빠진다. 하루라도 운동을 하지 않으면 안절부절못하고, 좀이 쑤셔 어쩔 줄 모른다. 이쯤 되면 '운동 중독'이다. 이중에서도 단연 달리기가 으뜸이다. 아마추어 마라토너 중에는 다리를 절룩이면서도 끝내 뛰기를 고집하는 사람이 있다. 어느 마니아는 무릎 인대가 끊어졌는데도 어기적어기적 계속 달리다가 수술을 받은 예도 있다. 왜 이럴까?

'러너스 하이(Runner's High)' 혹은 '러닝 하이(Running High)' 때문이다. 러너스 하이란 달리기를 할 때 느끼는 짜릿한 쾌감이나 도취감을 말한다. 일종의 무아지경 내지는 황홀경 같은 것이라고나 할까. '내가 내 몸 밖으로 빠져나간 기분'이라고 표현하는 사람도 있다. 심지어 미국 마스터스러너 중에는 "코카인을 마신 것과 흡사하다."고 말하는 사람까지 있다. 대부분의 학자들은 러너스 하이의 원인으로 '엔도르핀' 가설을 지지한다. 사람은 운동을 하면 모르핀과 비슷한 천연 진통 물질인 엔도르핀이 인체에 생성 보급되는데, 이 엔도르핀이 뇌에 가득 차면 행복감을 느낀다는 것. 이런 현상은 주로 마라톤을 하는 사람들에게서 일어난다. 엔도르핀은 마라톤처럼 오랜 시간 동안 격렬하게 달리거나, 기진맥진한 상태까지 계속 운동을 해야 생성되기 때문이다. 물론 장거리 사이클 선수들에게도 발생한다. 심지어 물리학도가 며칠씩 밤을 새며 무아지경으로 공부하다가 마침내 난제를 풀었을 때도 일어난다.

러너스 하이 맛을 한번 본 사람은 또다시 그런 상태를 느껴보고 싶어서 미친다. 더욱더 운동에 빠져들게 되고 그것은 곧 '운동 중독'으로 이어진다. 그렇다면 왜 이러한 현상이 일어날까. 그 원인에 대해서는 아직까지 명확하게 밝혀진 것은 없다. 사람마다 그 느낌과 오는 순간도 천차만별이다. 어떤 사람은 한번 풀코스 완주에 2,3번도 오고, 어떤 사람은 수십 번 풀코스를 완주해도 전혀 못 느끼는 예도 있다.

아마추어 마라토너 이동길 씨(개인 최고기록 2시간 24분 03초)는 "한마디로 몸이 붕 뜨는 기분이다. 러너스 하이가 오면 난 다리에 힘이 완전히 빠져 더 이상 달릴 수가 없다. 대부분 훈련할 때 그런 느낌이 오는데 몸 컨디션이 좋은 상태에서 평소보다 좀 강도를 세게 했을 때 그렇다."라고 말한다.

아마추어 여자 마라토너 문기숙 씨(개인 최고기록 2시간 47분 52초)도 "난 평소보다 훈련을 세게 할 때 10~20km 지점에서 그런 경우가 자주 온다. 산 정상에 올랐을 때의 벅찬 환희감이라고나 할까. 1~2km 정도 그런 상태가 계속된다."라고 말했다.

러너스 하이는 편안하고 즐겁게 달려야 온다. 마라톤 대회에 나가 다른 선수들과 치열한 경쟁을 펼칠 때는 거의 러너스 하이가 나타나지 않는다. 헬스클럽에서 트레드밀을 달리는 경우에도 마찬가지다. 오직 야외에서 즐겁게 달릴 때만 러너스 하이를 느낄 수 있다.

그렇다면 녹음된 새소리, 바람 소리를 들으며 실내에서 트레드밀을 달리면 어떨까? 실험 결과 그런 경우도 전혀 러너스 하이를 느낄 수 없었다. 학자들은 일단 실내에서 달릴 경우 단조로움 때문에 자신에 빠져들기 때문에 러너스 하이를 느낄 겨를이 없다고 분석한다. 실내에서는 엔도르핀이 잘 생성되지 않는다는 것. 실험 결과 엔도르핀은 야외 햇볕 속에서 달릴 때 분비가 잘 되는 것으로 나타났다. 헬스클럽보다는 야외 운동이 좋다는 증거다. 물론 해가 없는 밤에 달리면 러너스 하이가 거의 나타나지 않는다.

바르셀로나 올림픽 '몬주익 영웅' 황영조 국민체육진흥공단 감독은 "가속도가 붙은 스포츠카를 탔을 때의 붕 뜨는 느낌이라고나 할까. 현역 땐 대회를 마치고 회복 훈련할 때 주로 일어났다. 하지만 현역 때보다 은퇴한 뒤에 훨씬 더 많이 느꼈다. 아무런 부담 없이 자유롭게 달리기 때문일 것이다."라고 말했다.

은퇴한 이봉주는 어떨까. "대회에 나가서는 그런 경우를 한 번도 느낀 적이 없다. 몸과 마음이 편안한 상태에서 자유 훈련을 할 때나, 대회가 끝난 뒤 회복기에 가볍게 조깅할 때 온다. 아마 수십 번은 경험한 것 같다. 머리가 맑아지고 경쾌한 느낌이 든다. 날아갈 듯하다. 그 시간은 한 5분 정도 지속되는 것 같다."고 말했다.

여자 마라톤 선수 이은정도 "자유 훈련 때 주로 오는데 편안한 마음으로 70~80% 정도의 에너지로 달릴 때 느낀다. 이럴 땐 계속 달려도 전혀 지치지 않을 것 같고 또 계속 달리고 싶은 마음이 생긴다. 일단 오면 30분 이상 계속될 때도 있다."고 말했다.

엔도르핀은 모르핀과 비슷하다. 우리 몸에서 만들어내는 이 천연 진통제는 온몸에 쾌감을 주는 대신 부작용도 있다. 통증을 완화시켜 주는 탓에 중독성과 오버워크 문제가 따른다. 문기숙 씨는 "러너스 하이가 왔을 때 기분 좋다고 질주하면 큰일 난다. 오버워크로 인해 후반에 달릴 수 없기 때문이다. 초보자들은 초반에 러너스 하이가 오면 마구 뛰쳐나가는 경향이 있는데 이럴 때 부상당하는 경우가 많다."고 말했다. 황영조 감독도 "러너스 하이가 왔을 땐 금방이라도 튕겨 나가고 싶은 느낌이 드는데, 이때 그 충동을 지그시 누르고 일정한 페이스로 달리다 보면 오랫동안 '충만감'을 만끽할 수 있다."고 말했다.

운동을 하면 누구나 컨디션이 좋아진다. 그렇다고 그런 기분 좋은 상태가 반드시 러너스 하이는 아니다. '최적 컨디션'과 '러너스 하이'는 엄연히 구분돼야 한다. 완주를 하거나 우승을 했을 때의 성취감과도 또한 다르다. 황영조 감독은 "1등으로 골인했을 때는 가슴이 터질 것 같은 희열로 가득 찬다. 정신적인 기쁨이 훨씬 크고 오래오래 간다. 잠깐 왔다 가는 러너스 하이와는 비교가 되지 않는다."고 말했다.

달리기는 인간의 꿈이요, 본능이다. 하지만 러너스 하이는 어디까지나 그 과정에서 나타나는 한 부분일 뿐이다. 자칫 거기에 빠져들다가는 중독이 된다. 마라톤은 어디까지나 완주가 목적이다. 몸에 와 닿는 산들바람, 길가의 아름다운 꽃과 나무들. 천천히 즐기면서 신나게 달리다 보면 자연히 러너스 하이가 온다. 새는 날고, 물고기는 헤엄치고, 사람은 달린다.

에필로그

억만년 뭉치고 다져야 비로소 꽃이 핀다

한국 육상은 우물 안 개구리이다. 한때 반짝했던 마라톤도 제자리는 커녕 뒷걸음질이다. 한국은 세계육상선수권에서 단 한번도 메달을 따낸 적이 없다. 1993년 슈투트가르트 선수권대회 남자 마라톤에서 김재룡이 4위, 1997년 아테네 선수권대회와 1999년 세비야 대회 남자 높이뛰기에서 이진택이 결선에 오른 것이 최고 성적이다. 한국은 2009년 베를린 선수권대회에서 전원 예선 탈락이라는 '참담한 성적표'를 받았다.

왜 이럴까. 무슨 뾰족한 수가 없을까? 미국의 로리 윌리엄스는 키가 157cm밖에 되지 않는다. 그런데도 그는 2005년 헬싱키 세계육상선수권대회 여자 100m에서 10초 93의 기록으로 우승했다. 그의 특기는 폭발적인 쇼트 피치 주법. 한국인들보다 더 작은 땅콩이지만 그는 이 주법으로 머리 하나 더 큰 라이벌들을 통쾌하게 제쳤다.

그렇다. 한국 육상에서도 얼마든지 수영의 박태환이나 피겨스케이팅의 김연아가 나올 수 있다. 문제는 시스템이다. 어쩌다 뛰어난 꿈나무가 등장해도 이를 제대로 키워낼 만한 구조가 아직 마련돼 있지 않다. 우선 지도자가 없다. 트레이닝은 주먹구구식이다. 대부분의 육상 꿈나무들이 한때 반짝하다가 사라지는 이유다. 현대 육상은 과학이다. 과학이 밑바탕이 되지 않은 육상은 밑 빠진 독에 물 붓기나 마찬가지이다.

근시안적 육상 행정도 문제이다. 육상은 10년 앞을 내다보고 투자해야 한다. 태릉선수촌에서 짧은 기간 동안 죽어라 훈련한다고 해서 좋은 성적이 나오는 게 아니다. 눈앞에 닥친 아시안게임, 올림픽, 세계육상선수권대회에만 매달려서는 백년하청이다.

육상은 모든 스포츠의 기본이다. 기본을 튼튼하게 다지는 데는 많은 시간과 돈이 든다. 당장 성적이 안 나오더라도 멀리보고 줄기차게 투자해야 한다.

육상은 억만년 뭉치고 다지고 또 다져야 비로소 꽃이 피는 기본 중의 기본 종목인 것이다.

자유와 황홀, 육상
김화성 기자의 종횡무진 육상 인문학

초판 1쇄 발행 2011년 8월 27일

지은이 | 김화성
펴낸이 | 조영남
펴낸곳 | 알렙

편집 | 김민숭
표지 디자인 | 손문상
본문 디자인 | 김성인
종이 | 페이퍼릿
인쇄 | 대덕문화사
제본 | 창림 P&B

출판등록 | 2009년 11월 19일 제313-2010-132호
주소 | 서울시 마포구 합정동 373-4 성지빌딩 615호
전자우편 | alephbook@naver.com
트위터 | @alephbook
전화 | 02-325-2015
팩스 | 02-325-2016

ISBN 978-89-965171-4-6　03600

● 책값은 뒤표지에 있습니다.
● 잘못된 책은 바꾸어 드립니다.